OPCIÓN CERO: reducir la superpoblación a 100 millones

La contaminación disminuye 99% y habrá recursos vitales no renovables durante 10.000 años

"Y cuando el mundo entero esté superpoblado de habitantes, el último recurso será la guerra, la cual vendrá a poner remedio para cada hombre, o con la victoria, o con la muerte."

Thomas Hobbes

ÍNDICE

INTRODUCCIÓN

Opción Cero trata sobre el equilibrio entre nivel de población y la tasa de recursos renovables y no renovables del planeta Tierra. Para que la civilización humana pueda permanecer aquí sin novedad durante el próximo millón de años, el tamaño de población ideal nunca debe superar los cien millones de personas. La misma cantidad de habitantes que existía en el mundo durante la fundación de la ciudad de Roma. Con esa tasa poblacional la contaminación se reduce un 99%, las reservas de hidrocarburos alcanzan para otros 2.000 años y los recursos no renovables para más de 10.000 años.

Cuando la población sumaba 5.000 millones en 1987, consumía los recursos equivalentes de todo el planeta por año. Ahora (2020) con 7.700 millones consume a razón de 1,7 planeta por año, pero si toda la humanidad viviera como lo hacen los estadounidenses, por ejemplo, se necesitarían cinco planetas. Para el 2030 serán 2 planetas los que necesitarán para satisfacer sus demandas de consumo. Para el 2050 tres y para el 2100 seis. Claramente los recursos se agotarán en el mediano plazo.

La humanidad tala bosques y no procede a renovarlos con la misma rapidez y eficiencia. Tala el equivalente a la superficie de Portugal por año. A este ritmo nos quedaremos sin árboles para el 2050. Y de continuar los incendios forestales masivos, mucho antes. Pescamos en los océanos sin permitir que la vida marina se regenere y emitimos a la biosfera más dióxido de carbono de lo que puede absorber.

Actualmente el número de personas que pasa hambre se acerca a los mil millones. Sin embargo el planeta todavía tiene capacidad de producir alimentos suficientes. Pero el futuro no es prometedor. Para el 2050 las necesidades de la creciente superpoblación podrían incrementarse un 70% con respecto a las actuales, sobre un sistema que ya ha llegado a sus límites de producción. A principios de la década pasada la tierra disponible para la producción agraria, alcanzó su máximo y por otra parte el crecimiento del rendimiento medio de los cultivos cayó a la mitad desde 1960 debido a los efectos del calentamiento global y al agotamiento de los recursos. Esto nos ubica sobre la ecuación de producir más con menos y sobre la lucha por los recursos del agua y la tierra fértil. Algo que ya ha comenzado, por ejemplo con países que compran derechos de producción de cosechas durante varios años en distintos países para asegurarse reservas alimentarias.

La demanda de energía se incrementará en más de un tercio para 2035. Mientras que la generación se encontrará cada vez más limitada por las restricciones sobre las emisiones de CO_2. Además las poblaciones más ancianas se concentran en los países más desarrollados y las generaciones más jóvenes en los subdesarrollados, creando esto fuertes presiones migratorias.

Algunos países invierten cerca del 10% del PIB en subsidios a los combustibles fósiles. Siendo los países ricos los que más gastan (casi el 14% del PIB) en subsidiar al petróleo, carbón y gas natural. Sólo una quinta parte de la energía proviene de fuentes renovables como el agua, el viento y la luz solar.

Otro factor de derroche es el desperdicio alimentario que se ubica en torno al 15% mundial. Según la Organización de las Naciones Unidas para la Agricultura y la Alimentación (FAO), anualmente un tercio de los alimentos consumidos (1.300 millones de toneladas aproximadas, equivalentes a 750 mil millones de dólares) se pudren o se pierden debido a métodos ineficientes de recolección y transporte.

Se estima que el transporte aéreo mundial se triplicará en los próximos 5 años y las distancias recorridas por los coches aumentarán un 40%. Por lo que la contaminación derivada de estos dos vectores combinados se duplicará. Mientras la generación de residuos tóxicos entre los años 1990 y la década de 2000 se duplicó.

Es obvio que la causa de la contaminación deriva de la creciente superpoblación. A más huella de carbono per cápita, más nivel de contaminación ambiental sobre el planeta.

NATALIDAD = 0

La población humana mundial no es estable, cambia con un incremento rápido y que la Tierra no puede soportar. Un ser humano necesita 31,7 años para contar un número por segundo hasta mil millones, consumiendo 24 horas corridas durante 365 días al año. Así que, 7,7 mil millones de habitantes es un número, realmente, muy significativo.

¿Cuál es la distribución de la densidad?: En Australia y Canadá, 2 habitantes por cada kilómetro cuadrado. En Rusia 12 habitantes por kilómetro cuadrado. En Estados Unidos 25 y en Europa 80. En India 200 y en Japón 300. Además, ¾ de la población total está agrupada en el 2% del suelo. A mediodía en Boston hay 5.000 habitantes por kilómetro cuadrado, en Nueva York 10 mil y en Manhattan 40 mil.

Cada año se produce un incremento neto de 136.130.400 de nuevos seres humanos. En 1980 la cifra era de 80 millones, ha aumentado un 50%. Equivale a introducir en el planeta todos los años, la población equivalente a 3 argentinas. Es una tasa de incremento vegetativo del 2% anual. En el mundo nacen 372 960 personas y mueren 155 520 cada día (último censo de la CIA realizado en el año 2018). El crecimiento diario medio de la población mundial es de 217440 personas por día, restando el número de nacimientos entre el de muertes diarias. **Esto equivale a 79.365.600.**

Si el aumento de población es lineal, en 500 años serán 40 mil millones de seres humanos sobre el planeta.

Sólo el crecimiento cero garantiza una población mundial completamente estabilizada en que el número de nacimientos equivale al de muertes.

El crecimiento exponencial es explosivo. Para un 2% predice una población de + 100 billones para dentro de 500 años. Comienza siendo lento y luego se dispara en forma incremental.

Las posibilidades son entonces: **crecimiento cero, lineal y exponencial.**

La tasa reproductiva humana responde ahora al modelo de crecimiento exponencial. ¿Por qué?: La población humana total sobre la Tierra se dobló y alcanzó 200 millones de personas durante el año 5000 A.C. al año 1 D.C., demoró 50 siglos. La próxima vez se dobló en sólo 14 siglos. En 1800, sólo 4 siglos después, volvió a doblarse. A principios del Siglo XX la duplicación bajó a 100 años, a 60 años en 1950 y, a 40 años en la actualidad. Esto indica un crecimiento exponencial explosivo. De todos los seres humanos que han vivido sobre el planeta, el 5% estaba vivo en 1980, 20 años después en el 2000, el mismo número creció al 10%.

El planeta es finito, no soporta la sobrecarga de población tendiendo a multiplicarse al infinito dentro de mil años.

Una base de incremento del 1,5% predice la duplicación de la población mundial total cada 47 años. Una tasa de 0,66% haría duplicar la población cada 100 años. Para evitar el problema la tasa de crecimiento debe disminuir en forma permanente.

La migración humana interestelar no es la respuesta correcta para el mediano y largo plazo. La colonización de Marte, el planeta habitable más cercano, demorará 500 años promedio, al ritmo de crecimiento de la tecnología actual, según predicciones de NASA.

Si la tasa de crecimiento se mantiene constante, la superpoblación mundial existente para el 2050, hará necesarios 3 planetas Tierra para abastecer de recursos críticos no renovables y renovables a la civilización. Ya, para el 2500 serán necesarios 4496 planetas Tierra y la población será entonces de 57,6 billones. Y ya para el año 2840, sólo 340 años después, serán necesarios 1.150.976 exoplanetas similares a la Tierra, que según se calcula es la cifra que coincide con el total de planetas habitables probables existentes en toda la galaxia de la Vía Láctea. La multiplicación exponencial explosiva de población habrá obligado a la Humanidad a expandirse y ocupar nuestra galaxia íntegra. Y entonces, habrá una población humana interestelar total de **14.745,6 billones de seres humanos**. O sea, 147.456 más seres humanos que los cien mil millones de estrellas que hay en toda la galaxia, a la cual pasaríamos a habitar en todos sus confines. La multiplicación reproductiva humana: ¿es o no es una bomba biológica?

Para darnos una idea, estos 14.745,6 billones apilados sobre la superficie de la Tierra, harían una capa de más de 10 kilómetros de espesor.

Naturalmente, no es posible aumentar nuestra inteligencia o tecnología como resultante, a un ritmo superior al de la población. Descubrimos las bacterias y suprimimos las enfermedades antes de aprender a fisionar y fusionar núcleos atómicos. De ahí el disparo de superpoblación.

A nivel de vida inferior, el límite de alimentos estabiliza el crecimiento reproductivo de los microorganismos, después de un activo crecimiento exponencial y a esto, sigue el canibalismo. Pero éstas, no son soluciones para los seres humanos racionales: morirse de hambre o comerse los unos a los otros.

Se produce suficiente alimento para satisfacer la demanda de la población mundial, pero un 20% de todos los alimentos elaborados industrialmente se pierde a causa del almacenamiento o despilfarro.

LA SOLUCION: NATALIDAD = 0, DURANTE 20 AÑOS

Si hoy y ahora, tercera década del Siglo XXI, mil millones de seres humanos padecen hambre sobre el planeta, esto equivale a 1/7 de población total. No es un problema de distribución de alimentos solamente, **sino de límite sobre la capacidad de producción.**

La tasa de reproducción humana ha sobrepasado el límite de producción/año de alimentos. Y, para el 2050, se calcula que la población mundial será en torno a los 10/15 mil millones de seres humanos. Si la tecnología alimentaria no evoluciona más, porque se encuentra en su límite, y se mantiene entonces estable, 4/5 partes de la población total futura estará condenada a pasar y morir de hambre. A esto se añade que, si se hace un esfuerzo inteligente y a tiempo, de aumentar la masa arbórea de bosques del planeta, para extraer naturalmente el CO_2 excedente y libre en nuestra atmósfera, gas de efecto invernadero que es el principal agente causante del Calentamiento-Inundación Global, habrá menos tierras donde cultivar y criar ganadería. Y, si esto se repite en los océanos, para que los caladeros mundiales sometidos a sobrepesca se recuperen, disminuirá la tasa total de producción de alimentos.

Todo indica que a más nacimientos a futuro, será mayor el dolor y sufrimiento resultantes para casi todos. La solución racional es inducir, en forma controlada, una estabilización de población hacia los 5 mil millones de habitantes primero, que es el número demostrado que el planeta puede sostener con calidad de vida y tender a una reducción sistemática del exceso de población con tendencia hacia los mil millones para el 2100.

Para hacer esto en forma lógica, ordenada y coherente, no se deberán tener más hijos durante un período mínimo de 20 años. Suponiendo que esto se decida mundialmente en el 2025/30, recién en el 2050 se podrá volver a tener hijos naturalmente por vía biológica, procurando que la tasa de nacimientos se equilibre con la de decesos. Esta supresión de hijos durante 20 años reducirá y controlará la superpoblación y la estabilizará, junto con la reducción en la demanda de recursos naturales estratégicos no renovables y renovables pero limitados. El consumo tenderá así a equilibrarse, la demanda de más energía disminuirá y se volverá a normalizar la ecuación entre densidad total de población humana y disponibilidad de recursos naturales vitales. Asimismo, la lógica de las ciudades urbanas de la tercera década del Siglo XXI deberá ser reemplazada, dado que es la causa principal en el sobreconsumo y derroche de la energía, como en la contaminación y depredación del medio ambiente que le ofrece soporte.

Esta decisión de Natalidad = 0 durante 20 años, es la única opción racional posible. Entre el dolor de no poder tener hijos libre y voluntariamente, o empujarlos a morir materialmente de hambre para el 2050, que es mañana, la primera elección se presenta como la menos dolorosa, la más racional y humanamente aceptable por todos.

Sólo hay que examinar los números para comprender la necesidad y la realidad de esta decisión que deberán asumir todos los gobiernos responsables del planeta y en breve, porque la situación global en crisis y en expansión geométrica no permite ya desperdiciar más tiempo. O se hace esto o se condena a 12/15 mil millones de seres humanos, de acá al 2050, a morir de hambre y llevar la civilización a un punto de quiebre total e irreversible, junto con una posibilidad de 85% de guerra nuclear y un descongelamiento antártico del 100% y una posibilidad de extinción masiva de toda forma de vida sobre el planeta del 50% para ese mismo año 2050.

Un mundo finito no puede soportar población con tendencia de crecimiento explosivo infinito. No poseemos la tecnología ahora y casi seguro no la tendremos en el 2050 para proceder a saltos interestelares y colonizar así planetas extrasolares. Si no queremos morir de hambre en un 75% de posibilidades concretas, o comernos los unos a los otros para sobrevivir, debemos cambiar ya de hábitos en forma radical.

Es posible que formas de pensamiento medioeval o bíblicas se rasguen las vestiduras ante esta declaración. Bueno, si tienen tanto contacto directo con Cristo, que enseñen a todos a multiplicar panes y peces, a convertir agua en vino, sopa y todo lo que sea comestible, o callen para siempre. Porque el milagro de la tecnología tiene límite, el planeta tiene límite. La naturaleza no inventó la muerte biológica en forma incoherente, lo hizo para asegurar la ecuación de equilibrio sobre el mundo natural. Si las moscas no murieran, desde que aparecieron sobre la Tierra, ya cubrirían la superficie como un denso manto sobrepasando la órbita lunar.

La Defensa del Derecho a la Vida se convierte en una causa injusta cuando el ejercicio de tal derecho se transforma en la total certidumbre de la condena a morir de hambre para esa nueva vida, a no desarrollarse y sobrevivir en circunstancias humanamente indignas. Si no podemos garantizar la calidad de vida de la superpoblación futura, es un pecado material y de conciencia no detener el mecanismo de tal superpoblación. El derecho a nacer está condicionado por la obligación de vivir en condiciones humanas justas y dignas. La población humana de la Tierra a futuro deberá adecuarse a la abundancia y sustentabilidad de los recursos vitales que posea el planeta, ni más ni menos.

¿CUÁL ES EL OBJETIVO DE LA OPCIÓN CERO?

Explicar en forma simple y sencilla, que nuestra existencia sobre la Tierra nos demanda saber elegir entre 3 opciones solamente. Nos pueden parecer inhumanas o apocalípticas. Pero como se dice vulgarmente en Argentina, **"es lo que hay"**. Llegamos a esto porque se perdieron más de 40 años enrarecidos en discusiones sobre el Calentamiento Global y ninguna decisión de fondo. Creamos la trampa, nos metimos adentro como Humanidad, cerramos la puerta y arrojamos la llave fuera de nuestro alcance. Lo que ahora nos queda son estas 3 únicas opciones.

Veamos ahora de qué se trata:

A u Opción Cero.- Reducir la actual superpoblación a sólo cien millones aplicando una reingeniería de escala sobre la presente civilización. Para hacer esto se utilizaría un súper virus, el cual una vez liberado podría eliminar el excedente de 7.600 millones de la población mundial. Mientras, una élite de 100 millones entre técnicos, científicos y militares con un máximo de edad entre los 30 a 40 años, tomarían refugio en bunkers antiatómicos que ya poseen las superpotencias en Estados Unidos, Rusia y China. Allí, simplemente aguardarían a que el súper virus desaparezca, al acabarse la cantidad de víctimas o anfitriones posibles. La reconstrucción de la civilización, a partir de ese momento, se basaría en no superar nunca el límite de cien millones de población total mundial, para no repetir el mismo cuadro de situación anterior.

Opción B.-   Reducir voluntariamente el total de superpoblación a mil millones para el 2100, mediante prohibiciones de embarazos durante plazos de 10 a 20 años. Esta medida, junto con desarrollos intensivos de energías alternativas devolvería el equilibrio entre la actividad humana y la naturaleza. El esfuerzo requerido es alto, los sacrificios grandes, pero se evitaría la lógica fría e inhumana de la Opción Cero. Este modelo de equilibrio podría durar mil años. Tiempo suficiente para crear nuevas alternativas.

Opción C. -   Continuar como hasta ahora, sin tomar medidas de fondo y permitir que el Calentamiento Global avance y destruya las franjas agrarias, desatando grandes hambrunas. Al presente más de mil millones de personas, según dato del año 2009 de Naciones Unidas, pasan hambre, la séptima parte de la población total del mundo. De acuerdo a las variables que se tomen para las mediciones, la superpoblación será de 11.000 a 15.000 millones para el 2100. Será imposible alimentar a todos, siquiera a una mínima parte. **Si la opción A es inhumana, la C es suicida.**

Cabe añadir que los virus y bacterias conocidos se están haciendo más y más resistentes a la penicilina y demás drogas. Por ejemplo hay casos documentados en Perú, donde la pulmonía crónica resiste casi todos los antibióticos. Esto significa que nos encontramos a medio paso para que se desaten nuevas pandemias y la gente piense que está en marcha la Opción Cero. Bajo estos niveles de riesgo global, todo puede acontecer.

LA ACELERACIÓN DEL EXTERMINIO GLOBAL

El informe más pesimista, que prepara la comisión científica internacional, que trabaja sobre el problema del **Calentamiento-Inundación-Exterminio Global**, en base a los últimos datos recogidos y al factor de aceleración experimentado por el proceso de la anomalía climática, predice que el incremento de temperatura promedio planetaria se ubicará entre los 2,5º a 11º para fines del presente Siglo XXI. Si se alcanzan los 3º, en un cuadro de situación altamente probable para el 2050, casi el 80% del total de especies del mundo, quedará exterminada. La disponibilidad de alimentos, agua potable y refugio para el remanente de población humana mundial sobreviviente, serán muy escasos.

El dato fue difundido, en conferencia brindada en la ciudad de Mar del Plata, por el Lic. Fernando Daniel Alvarez, integrante de "The Climate Proyect", dirigido por el ex vicepresidente de los Estados Unidos, Al Gore.

El Panel Intergubernamental sobre Cambio Climático (IPCC), analizando los datos de emisiones de gases de efecto invernadero hasta 1999, proyectó un incremento de la temperatura a nivel

VOCES DE ADVERTENCIA

Dr. James Hansen

"La última vez que el planeta estuvo un grado más caliente fue en el periodo interglaciar, hace unos 120.000 años, y el nivel del mar era entre 6 y 9 metros superior al actual. Si dejamos que eso ocurra de nuevo, perderemos todas las ciudades costeras".

*

Profesor Will Steffen

Si se alcanzan los 2º C se dispararán retroalimentaciones positivas que impulsarán el calentamiento, pudiendo esto ocasionar un aumento del nivel del mar de hasta 60 metros.

CATÁSTROFE MALTHUSIANA

Se refiere a las consecuencias previstas por la teoría demográfica de Thomas Malthus. En esta teoría se preveía un aumento en progresión geométrica o exponencial en la población, junto con un aumento en progresión aritmética en la producción agrícola de alimentos, que causaría una situación de pauperización que podría desembocar en una extinción de la especie humana y que Malthus pronosticó para el año 1880.

Aunque la previsión evidentemente falló porque no se tuvieron en cuenta las guerras, las hambrunas, el desarrollo tecnológico ni otros imponderables como, por ejemplo, las epidemias, el malthusianismo sigue vigente.

Fuente: Wikipedia

mundial de entre 1,4 a 6 grados centígrados para el 2100. Incluyendo los registros de emisiones entre 2000 y 2007, el comité científico de la revista Science, concluyó que la previsión de incremento de la temperatura en este siglo será de entre 2,5 y 11 grados centígrados. Si se alcanzara el máximo pronosticado el nivel de supervivencia de las especies se aproximaría drásticamente al 99% de exterminación.

Si la curva de crecimiento de población humana se mantiene con una tasa vegetativa del 2% anual, la superpoblación alcanzaría naturalmente a las 30 mil millones de personas para fines del Siglo XXI. Pero con más de 3° promedio de temperatura global, las condiciones de sustentabilidad del planeta, sólo podrían sostener con vida a unos mil millones de humanos. Escasamente un 13 % del total. El resto habrá sido automáticamente exterminado junto con más del 80% de todas las especies vivientes de la Tierra.

Con 3° más promedio, los glaciares de Groenlandia se habrán ya derretido para el 2050, elevando los océanos alrededor de 4 metros y los glaciares de Antártida Occidental prácticamente se habrán reducido a la mitad, incrementando los niveles de las aguas otros 4 metros más, como mínimo.

Zonas de Mar del Plata en las adyacencias del Gran Hotel Provincial quedarán totalmente anegadas y puntos como las avenidas Independencia y Luro, estarán cubiertos por las olas. Las zonas costeras más altas de la ciudad, quedarán completamente aisladas como islas y sus viviendas carecerán de los suministros vitales. Esto no es ciencia ficción, la información está confirmada por el equipo de Al Gore y el IPCC. Igual panorama les aguarda a ciudades costeras como Nueva York, Miami y Dubai, en sus zonas más bajas.

De acuerdo con las últimas estimaciones nos encontramos ubicados en las 420 ppm de CO_2 (dióxido de carbono) libre en nuestra atmósfera (al sumarse las retroacciones con otros gases), cuando el porcentaje normal previo a la era industrial era de 284.

Se estima que para el 2030 habremos alcanzado la barrera de 450 ppm, que los estudios científicos consideran como crítica para un incremento acelerado de la temperatura promedio global a 2º C. Hemos inducido una anomalía en la composición química atmosférica, mediante la quema de hidrocarburos y la emisión de otros gases de efecto invernadero, sólo equivalente a la que existía entre 20 a 100 millones de años atrás.

Inyectamos 70 millones de toneladas de CO_2 a nuestra atmósfera cada 24 horas. Los océanos absorben 50 millones de toneladas, lo que está ocasionando el umbral de saturación y el fenómeno de acidificación por la reacción química de ácido carbónico, que ha matado ya a la mitad de la población de coral del planeta. Volcamos a la atmósfera un promedio de 40 mil millones de toneladas de carbono por año.

Los bosques absorben 18% del CO_2, pero están mermando a una muy alta velocidad, debido a la quema natural e intencional y a la tala. 1/5 de la masa arbórea de Amazonia se ha perdido en forma irreversible y, la última sequía del 2005 en los afluentes del río Amazonas indica que todo el sistema se encuentra en riesgo y pueden repetirse ciclos de sequías con quema natural de bosques.

Amazonia puede convertirse en una sabana en pocos años y si se libera el CO_2 contenido en los troncos de sus árboles, la temperatura promedio global se incrementará 1º, aumentando el ritmo del descongelamiento sobre ambos polos.

1/3 de la masa total de hielo del Polo Norte se descongela ahora durante los veranos, disminuyendo el efecto albedo, de reflexión solar. Se estima que antes del 2030 se descongelará por completo y la mayor conservación de la irradiación solar de la zona contribuirá en acelerar el descongelamiento de los macizos helados de Groenlandia, que ya han retrocedido en una cuarta parte y ocasionará esto la elevación oceánica irreversible (7 metros).

Las barreras de hielo perimetrales de Antártida se encuentran colapsando por completo, en la zona Occidental. Una vez desaparecidas, no existirá impedimento alguno para que los macizos glaciares continentales descarguen agua de deshielo a los océanos. Se estima que el descongelamiento de ambos polos puede ocasionar una elevación de aguas oceánicas en torno a los 60/70 metros.

En suelo continental del círculo polar ártico, en el Polo Norte, se está produciendo el descongelamiento acelerado del Permafrost, o suelo permanentemente congelado durante los últimos 10.000 años. Contiene gran cantidad de materia orgánica; su descomposición bacteriana libera miles de millones de toneladas de gas metano, con efecto invernadero 23/35 veces superior al CO2, por lo que se está produciendo una retroacción positiva natural que hiperacelera la anomalía del Calentamiento-Inundación Global. No existen datos cuantificables exactos, a nivel científico, de cómo esto incidirá en el clima ni a qué velocidad. Pero existe consenso acerca de que, todo, el proceso del calentamiento, está cruzando un umbral de aceleración súbita e inesperada.

En los océanos, especialmente en el Océano Ártico, yacen miles de millones de toneladas de gas metano, en forma de hidratos de metano. Si las condiciones de presión y temperatura varían, al ir calentándose las aguas por el efecto del Calentamiento Global, esta inmensa reserva natural puede liberarse, empujando la temperatura promedio global en más de 6º C y 12º en ambos polos. Las burbujas de metano submarino pueden acumularse en la atmósfera y representar un peligro comparable a explosiones termonucleares si una chispa las incendia. Esta información está confirmada mediante documental del National Geographic.

Una sola actividad como la aerocomercial con la flota internacional de jets en constante desplazamiento, contamina por día el equivalente de toda la contaminación diaria producida por el total del continente africano. De modo que existen actividades significativamente más intensas que otras, en cuanto a nivel de contaminación ambiental se refiere.

Una tasa de crecimiento anual del 2% predice una superpoblación de 15.000 millones de personas para el 2050, y no de 10.000. Serán entonces necesarios 3 planetas Tierra para atender la insaciable demanda de recursos vitales y estratégicos. De lo contrario ¾ de población mundial quedará automáticamente condenada a morir de hambre y sed.

Las proyecciones científicas indican que para el 2030 la tasa de supervivencia promedio para el ser humano habrá disminuido y las condiciones ambientales se habrán agravado sensiblemente.

2030: NO RETORNO IRREVERSIBLE

Para evitar el empeoramiento de la situación puede fijarse el umbral crítico del no retorno en el año 2030. Es el tiempo del que se dispone ahora para cambiar positivamente los hábitos de consumo que ocasionan el problema. Si la anomalía climática no es amortizada ahora, luego no se podrán evitar las retroacciones positivas naturales de todo el ecosistema. Una vez acelerado y disparado, no hay retroceso posible.

La inundación de todas las ciudades costeras en forma simultánea, permite calcular un impacto de alrededor de 1.000 millones de refugiados ambientales.

No existen reservas de alimentos, agua potable, vivienda, salud y trabajo para satisfacer las demandas de semejante nivel de necesitados. El sistema financiero no soportará la perdida terminal de bienes físicos y el colapso de la renta inmobiliaria costera **(las propiedades sobre la costa pasarán a valer cero cuando comiencen a elevarse las aguas)** arrastrará al derrumbe a todo el sistema financiero mundial, con posible estallido de los sistemas monetarios en un efecto en cadena.

Las puntas tecnológicas serán destruidas al quedar anegados los conglomerados industriales ubicados en cercanías de los puertos en ciudades costeras. Miles de productos tecnológicos no podrán ser reemplazados al faltar las fábricas vitales. El transporte marítimo quedará sin puertos. Y deberán movilizarse los recursos militares para contener las migraciones masivas y espontáneas de inmensas concentraciones de población, avanzando sobre las franjas agrarias buscando desesperadamente alimentos.

Una vez que esto suceda, la capacidad de la Humanidad de contener y revertir la anomalía del Calentamiento-Inundación Global se habrá perdido y la naturaleza desatada asumirá el completo control de la nueva situación. Repetimos esto no es ciencia ficción, pasará si no hacemos todo, ¡ahora! para frenarlo.

INVITACION A COPARTICIPAR

El **Calentamiento-Inundación-Exterminio Global** asegura que para el 2050 los océanos se habrán desbordado de 1 a 6 metros, como mínimo, (teniendo en cuenta el descongelamiento del permafrost y la liberación de los hidratos de gas metano submarinos) y la renta inmobiliaria costera habrá colapsado por completo. Y, para la misma fecha, la población mundial habrá alcanzado el número de 11.000 millones de habitantes, haciendo necesarios como ya dijimos, 3 planetas Tierra para lograr el autoabastecimiento de recursos e insumos vitales y estratégicos.

El futuro se nos acerca no ya con la promesa ilusoria del pasado siglo XX de una constante mejoría y progreso impulsados por la creciente tecnología, sino como un lento y degradadito empeoramiento de la situación para toda la población y como resultado, un agravamiento en la oportunidad de enfrentamientos armados entre los unos y los otros, por la simple razón de la supervivencia del más fuerte.

Este panorama está ampliamente fundamentado, verificado y pronosticado por la ciencia. ¿Cómo evitar la llegada de inmensas oleadas de dolor y sufrimiento sobre nuestro planeta, el día después de mañana? No esperando que otros vengan a salvarnos, sino poniendo activamente de nuestra parte, cooperando, ayudando a formar conciencia y una reacción espontánea mundial en cadena, ante estos 3 grandes problemas: **superpoblación, contaminación industrial y calentamiento global.**

Los grandes intereses creados del capitalismo, la política y el petróleo, frenan el natural Cambio Positivo Mundial. Pero, desde cada organización responsable por la continuidad de la Sagrada Vida de todos sobre nuestro planeta, se puede llegar con el mensaje de la Cooperación Solidaria a muchos corazones, cerebros y manos.

El planeta enfrenta una crisis de proporciones similares a una Tercera Guerra Mundial o a un Diluvio. Es necesario y urgente movilizar recursos para poder ganar esta guerra y asegurar la supervivencia digna para nosotros y las futuras generaciones que nos sucederán. Existen dos frentes de batalla, uno es el externo y contra las fuerzas naturales, y otro es el interno, representado por nuestros equivocados hábitos de pensamiento y acciones.

¿Cómo hacer para ganar la guerra? Sumando acciones positivas, coherentes y coordinadas, que hagan posible la activación interesada del Capital Solidario Global.

Como en toda guerra, el enfrentamiento demanda la concentración de grandes recursos para poder alcanzar los objetivos propuestos **(2 % del PIB mundial en forma anual).**

Debemos reducir al máximo la contaminación en general y la quema de hidrocarburos y carbón en especial, así sea necesario cambiar radicalmente el modelo de nuestra civilización y retroceder a la bicicleta y al caballo, a los faroles a vela.

Y, asimismo, proceder a la plantación organizada y selectiva inmediata de no menos de 30 mil millones de nuevos árboles de crecimiento rápido, (kiri) por año, para proceder a la extracción natural del CO2 excedente y al posterior enterramiento de sus troncos, devolviendo este gas de efecto invernadero al subsuelo, de donde no debió haber sido liberado nunca. Y debemos garantizar la reducción efectiva de la quema de carbón y gas. Si esto hacemos, estaremos participando del Control Climático Global Inteligente y a la estabilización del sistema ecológico terrestre.

Si deseamos evitar lo peor, no queda más alternativa que sumarnos a un Cambio Positivo Mundial, donde nuestros hábitos artificiales de consumo puedan ser reemplazados por otros armónicos con la preservación sustentable de nuestro medio ambiente.

Si la tierra es envenenada los árboles mueren, luego los animales mueren y, finalmente, la muerte alcanzará a toda la raza humana.

Evitar esto es posible, si actuamos ahora, en forma organizada y cambiamos el modelo de vida que gobierna al mundo. No sólo podemos hacerlo si nos unimos, sino que debemos hacerlo.

Mediante el concepto del Consumo Asociado, es ahora posible para todos dar un Giro en la Rueda del Capital Concentrado Egoísta y transformarlo en Universalmente Solidario. El mundo reclama nuestra activa participación, si le damos la espalda a la necesidad del mundo ¿cómo podremos justificar nuestras acciones y decir luego que son justas, comunitarias y solidarias?

Nuestro deber ciudadano, ético y moral es ayudar en momentos de máximo peligro común. Ese momento, ahora, ha llegado, y la Solidaridad Global es un instrumento eficaz para materializar la Unión Planetaria Solidaria.

La información crea conciencia y la conciencia genera acción. La amenaza sobre la Vida en todo nuestro planeta llegó (estamos en vísperas de una 6º Extinción masiva) porque estamos divididos, la solución vendrá sólo al **unirnos**. Por primera vez en la historia una crisis obliga a toda la Humanidad a unirse bajo una misma meta y en una misma dirección, sin distinción de raza, credo, nacionalidad, sexo, edad, educación o clase social. Nuestra única opción racional es aceptar individualmente este desafío y enfrentar, entre todos, el problema.

EL PELIGRO DE LA OPCION CERO

Mediante la Unión Cooperativa Organizada, Coordinada e Inteligente, es posible ahora asegurarnos la supervivencia común. De no hacerlo ahora, abandonaremos la propia vida a los factores irracionales latentes en la Humanidad.

Nerón no dudó en quemar Roma y en crucificar a los cristianos a quienes culpó injustamente, Hitler no tembló en exterminar a millones de judíos y Truman no tuvo piedad y arrojó las dos bombas atómicas sobre Hiroshima y Nagasaki.

Si la Humanidad no acierta en unirse ahora para dar solución al problema, crecerá la alternativa de reducir por la fuerza la superpoblación que es causa del problema. La cibernética y las tecnologías digitales permiten reemplazar la mano de obra y la inteligencia humana (a partir del 2025/30), por lo que la civilización tecnológica puede reorganizarse y volver a avanzar desde una Opción Cero, desde una superpoblación mundial de 7.700 millones (en 2020) reducida a sólo 100 millones. Los que concentran el poder pueden hacerlo y es siempre posible que lo hagan, en la medida que la Humanidad no demuestre, en el cortísimo plazo, que es capaz de resolver el problema mediante un esfuerzo organizado y sincronizado.

> *"El poder nuclear no significa nada si un virus puede matar toda una población dejando su riqueza intacta."*
>
> *Sinéad Cusack*

JUGUEMOS A LA CIENCIA FICCIÓN

¿Qué es la Opción Cero?:

Primero reflexionemos en la advertencia dada por el científico británico James Lovelock, creador de la Teoría de Gaia, que afirma que el planeta se autorregula para sostener el proceso viviente. En nota publicada por el diario Clarín, de fecha 28-02-09, Lovelock predice que **"el cambio climático acabará con gran parte de la vida"**.

Dice además que **"la población mundial podría caer de los actuales 7.000 millones de seres humanos a sólo mil millones para el 2100, puesto que la gente se verá obligada a competir por los recursos vitales"**.

Lovelock indica que se multiplicarán las guerras y las muertes masivas en la lucha por el acceso y control a las escasas fuentes de agua potable y producción de alimentos. Claramente predice que **"habrá muerte a gran escala"**.

Una tasa del 2% anual en el crecimiento de la superpoblación predice 30 mil millones de habitantes para el 2100. Por lo que la afirmación de Lovelock supone la exterminación de 29 mil millones y la supervivencia de sólo el 3,33% del total de población para fin de siglo.

Citando el Informe 2001 del IPCC, que afirma que **"las temperaturas serán devastadoramente altas"** dice Lovelock que **"para 2040 las temperaturas en ciudades europeas subirán hasta 43º, la misma que en Bagdad. El Sahara avanzará sobre Europa. Ya es demasiado tarde para revertir la tendencia actual"** y recomienda **"construir refugios en zonas menos afectadas del planeta"**. Esto es para un remanente de población y civilización.

Por si faltara, en países nórdicos ha sido construido recientemente un refugio subterráneo para almacenar semillas, para las futuras generaciones. Es decir, que tengan los elementos para producir alimentos.

Esta visión no es nueva. Las energías alternativas, los esfuerzos por reciclar y disminuir la contaminación, son inercialmente insuficientes para detener el sobreconsumo mundial de energía, que crece a una tasa per cápita constante. No importa cómo se lo haga, el proceso de actividad humana contamina con calor y al aumentar la superpoblación, el efecto se expande y difunde con mayor eficiencia.

El proceso del **Calentamiento-Inundación-Exterminio Global** aparece invariablemente asociado con el aumento de la superpoblación y el acceso de mayores franjas a las explotaciones tecnológicas intensivas y aplicadas. Esto apareja como consecuencia un crecimiento exponencial de la contaminación y como efecto natural una aceleración incremental de la temperatura promedio global. Al comenzar a igualar países de gran concentración de población, como son China e India, los niveles de consumo propios de la clase media de los Estados Unidos, lo que ha sucedido es que el consumo global de hidrocarburos y carbón se han duplicado en menos de una década.

Al acelerarse la acumulación de gases de efecto invernadero, el tiempo que nos separa de las grandes tragedias climáticas se acorta. Y es por eso, que las predicciones calculadas hace 10 años o menos, para fines del Siglo XXI, ahora son reajustadas hacia el 2050 y el 2030, acercándose cada vez más al presente, el umbral de acontecimientos críticos y catastróficos, reduciéndose a la par la disponibilidad de tiempo para aminorar organizadamente los mayores impactos previstos. Este error o efecto negativo científico, es el resultado de haber estudiado y analizado las causales por separado y no haber procedido desde el principio mediante un modelo de interacciones integrado.

Y el problema se agrava más todavía, cuando existe y persiste un sensible y obvio retraso de percepción en el liderazgo político mundial, que en lugar de anticiparse y reorganizar racionalmente los recursos mundiales todavía disponibles, impulsa la continuidad e intensificación de los probados modelos de alta contaminación, limitándose a un reemplazo tecnológico parcial que es superado por la presión reproductiva de la superpoblación y el aumento de la tasa per cápita de contaminación y consumo de la energía disponible.

Esto determina una lógica o circuito de autoexterminio acelerado, cuya tendencia e inercia deben ser desactivadas en lo inmediato, si el objetivo es reasegurar la esperanza de supervivencia, en condiciones de civilización mínima. Se añade al cuadro, la ampliación de la frontera agrícola al intensificarse la demanda insatisfecha de mayores alimentos, por lo que la masa arbórea retrocede bajo la quema y la tala, y se pierden los elementos vitales de amortiguación del fenómeno de la anomalía climática, dado que los árboles metabolizan y acumulan CO_2, extrayéndolo de la atmósfera. Por un lado la quema libera esta reserva natural y por el otro disminuye la capacidad de su absorción. Este mecanismo acelera el calentamiento. Y existen otras retroacciones semejantes, especialmente en los océanos, donde la saturación en la absorción del CO_2 deriva en ácido carbónico que destruye los organismos vegetales, y otros como el coral.

La gente normalmente cree que las aguas oceánicas se elevarán lentamente; esto es una visión racionalmente equivocada. Si el nivel oceánico se ha elevado ya 18 centímetros frente a las costas de California, dato confirmado oficialmente durante noviembre 2008 por el gobierno de ese estado norteamericano, significa que seguirá elevándose a un ritmo constante, porque la temperatura existente asegura el proceso de un deshielo constante. Pero si la temperatura promedio global se incrementa y a una tasa diferencial superior en ambos polos, la consecuencia es un ritmo de descongelamiento mayor y proporcional al incremento de temperatura experimentado.

Además las aguas al calentarse se expanden, por lo que también se experimenta una elevación oceánica. Y a esto se suma el fenómeno de fase de transición, que en física determina un umbral crítico cuando una materia cambia bruscamente su estado de estabilidad hacia otro. La traducción de esto es que los macizos glaciares polares pueden alcanzar un umbral crítico, atravesado el cual, el proceso de descongelamiento se dispara, se acelera.

Para explicarlo gráficamente, el primer medio metro de elevación oceánica, podría ser alcanzado en el 2030. Desde el comienzo de la era industrial habrán pasado entonces casi 200 años. Pero el primer medio metro podría ser alcanzado en el 2030. ¿Qué sucedió? Las retroacciones climáticas globales se combinaron y crearon una nueva condición óptima para la aceleración y el tiempo para un efecto semejante se acortó espectacularmente.

Por lo que, entonces, los próximos 4 a 5 metros pueden ser alcanzados en un período corto en extremo, en sólo 10 años. Si uno considera un crecimiento de 18 centímetros luego de un primer siglo de contaminación activa, los números simples indican que recién en 500 años se alcanzará el primer metro de aguas oceánicas en ascenso. Pero la temperatura promedio sigue subiendo y a mayor intensidad de la radiación calórica, la tasa de descongelamiento se incrementa.

Así puede alcanzarse el primer medio metro en el 2030, por lo que el fenómeno en 20 años experimenta una aceleración del 500%. Mientras que el tiempo para los sucesos se acorta en un 98%. Y los próximos 3 a 6 metros ya no los esperaríamos para el 2050, sino para el 2040 a más tardar. Dado que el calentamiento encierra la lógica de las retroacciones entre todos los sistemas involucrados.

El Polo Norte al descongelarse deja de reflejar radiación solar hacia el exterior del planeta (fenómeno del albedo), las aguas descongeladas del Océano Ártico modifican su comportamiento y pasan a retener y acumular radiación. Toda la zona pasa a incrementar calor y las aguas se calientan y más cantidad de vapor de agua satura la atmósfera. Bajo esas condiciones los macizos glaciares del centro de Groenlandia aumentan su ritmo de descongelamiento.

Esto determina que los océanos globales puedan ascender entre 4 a 6 metros. Una vez que el Polo Norte y el Círculo Polar Ártico ingresen en su máxima fase de calentamiento posible, el planeta habrá perdido uno de sus condensadores naturales de frío. La Tierra posee dos freezers ubicados en cada polo. Entre ambos se regula el promedio global de la temperatura terrestre. SI estamos en una habitación con un freezer y es verano, al dejar la puerta abierta las calorías del ambiente de toda la habitación tienden a enfriarse, mientras que el ambiente en el interior del freezer tiende a calentarse.

Al perderse toda la acumulación de frío que se encontraba disponible, la temperatura promedio de la habitación experimenta un salto de temperatura y se establece sobre el nivel real. Este mismo fenómeno se repetirá cuando el Polo Norte se haya descongelado por completo, el promedio global de temperatura se regulará hacia un nivel superior. Esta mayor temperatura o mayor calentamiento, se encontraba encubierta por el derretimiento de los glaciares y la emisión respectiva de frío. El Polo Norte es el más afectado y cuando se descongele completamente este salto se producirá, causando a su vez una marcada aceleración en el descongelamiento del Polo Sur, a una tasa todavía más rápida que la experimentada por el Polo Norte.

Y cabe decir, que en la medida que tal polo se recaliente, las reservas de permafrost se descongelan en el suelo continental ártico y esto libera enormes reservas de gas metano, cuyo efecto invernadero es 23/35 veces superior al CO2. Esto contribuye a crear un manto local de metano que, a su vez, hace crecer las temperaturas polares en verano y presiona para alcanzar el umbral crítico que determina la liberación de las inmensas reservas de hidratos de metano ubicadas en el fondo oceánico ártico. Una vez que la fase de transición para la liberación del gas se presente, se retroalimenta a sí misma, no requiriendo de un aumento de la tasa de contaminación humana para acelerarse.

A más gas metano submarino liberado, mayor temperatura y más gas se libera. El resultado de esto es un salto en el termoequilibrio planetario de varios grados y la catástrofe ambiental global. Por tanto, permitir el completo descongelamiento del Polo Norte es poner en riesgo las vidas de todos en el planeta Tierra y en el corto plazo. Un acto de demencia pura que por todos los medios a nuestro alcance debe ser evitado.

Un cambio acelerado en el promedio de temperatura global creará nuevas zonas desérticas, además de ampliar las ya existentes. Y las variaciones de las franjas climáticas harán colapsar las zonas de agricultura asociadas.

> *"La población, sin restricción, se incrementa en proporción geométrica. La subsistencia solo se incrementa en proporción aritmética."*
>
> **Thomas Robert Malthus**

En la medida que el alimento disminuya, forzosamente disminuirá el nivel de superpoblación existente. De modo que lo que los líderes políticos están haciendo es: eliminar enormes concentraciones de población futura en el mediano plazo. Están asesinando millones de personas sin la más mínima compasión. Toda la situación tiene su raíz en el modelo del sistema económico y en el de producción-consumo, dado que no pueden encontrarse soluciones por dentro de un modelo que no las admite.

No existe otro camino viable que abandonar y reemplazar el sistema (modelo de capital intensivo) que ahora es obsoleto y no garantiza las vidas de todos, antes que sea demasiado tarde. Dado que las retroacciones naturales del ecosistema terrestre se han iniciado, disponemos del corto tiempo hasta el 2025/30 para aplicar el cambio positivo global. Es el último umbral crítico o punto de no retorno, que una vez superado nada garantizará que se podrá recuperar el nivel de supervivencia mundial anterior. Y si la temperatura del planeta se incrementa por encima de los 6° promedio, el 90% de las especies actuales serán totalmente exterminadas.

El quiebre del Balance Energético Global de la Tierra, entre la energía que el planeta recibe del espacio exterior y la energía que emite, hecho confirmado en 2004 por la NASA, significa que el calor del núcleo terrestre ya no se disipa a la misma tasa anterior.

Los océanos son al núcleo del planeta, lo que el agua pesada y los refrigerantes son a un reactor atómico. Si el refrigerante se calienta, el reactor comienza a recalentarse. Este simple efecto físico puede estar aconteciendo a gran profundidad y las capas internas de las placas tectónicas sufriendo una licuefacción magmática por un incremento diferencial de la temperatura del manto terrestre.

Al no emitirse por radiación el calor proveniente del núcleo al mismo ritmo, éste tiende a acumularse en las capas superiores del manto y la temperatura a elevarse, al igual que sucede con el corazón de un reactor nuclear. Los océanos, el refrigerante, aumentan sólo 1° su temperatura promedio, pero a gran profundidad esto se puede traducir en muchos grados más.

La licuefacción magmática, a su vez presiona para ascender hacia la superficie usando las rutas de mayor debilidad de la corteza, es decir sus fallas. Este adelgazamiento de la corteza, a su vez incide en la generación de un mayor ritmo de sismos por reacomodamiento de las presiones intraplacas. Y, una mayor acumulación de magma en los depósitos o cámaras de los volcanes.

Si comparamos esta hipótesis con los hechos, aparecen en los gráficos estadísticos un incremento de sismos y de activación volcánica en todo el mundo. Esto es preocupante, dado que las fosas oceánicas, especialmente la intercostal atlántica, donde la corteza se expande, pueden incrementar actividad y contribuir así a un aumento de la temperatura promedio de todo el Océano Atlántico, con el pronóstico de un impacto de aceleración en el proceso de descongelamiento de Antártida.

Pero lo más alarmante es que si el proceso de recalentamiento de la corteza inferior se ha iniciado, los puntos críticos en la corteza pueden reactivarse explosivamente. Tal es el caso del súper volcán del Parque Yellowstone, donde los géiseres acusan ya una variación en sus ciclos y temperatura del agua, luego del sismo 8° Ritcher en Alaska del 2002.

Si la corteza inferior se está licuando, las brechas y fallas, también acabarán agrandándose y un mayor caudal de magma presionará para ascender en menor tiempo. Esto puede significar solamente que las condiciones de reactivación del súper volcán del Yellowstone se están acelerando y progresando hacia el punto crítico. Una erupción de esta naturaleza, oscurecería de cenizas todo Estados Unidos y acabaría con nuestra actual civilización.

Y se desconoce si habrá niveles mínimos de supervivencia para la Humanidad. Toda la vida será exterminada. Las plantas morirán. Produciéndose en la atmósfera un fenómeno similar a un invierno nuclear.

Por esta razón desde 1995 envíe la información a líderes políticos y a organismos como la NASA, solicitando que los sensores de temperatura de todos los pozos petrolíferos sean puestos simultáneamente en línea, para captar microvariaciones de temperatura a gran profundidad. Puesto que los cambios en la corteza inferior no pueden ser monitoreados por los satélites.

No fui escuchado…

Toda la población debe comprender, ahora, que estamos en manos de personas ignorantes e ineficientes. Han malgastado tiempo vital en comprobar si el Calentamiento es real o no lo es, han mal utilizado la ciencia y la tecnología, sin hacer caso y uso racional del más elemental sentido común. Si el súper volcán de Yellowstone hace explosión, el mundo acabará en fuego y ceniza. ¿Qué está actuando para hacer esto posible? Señores, somos nosotros y nada más que nosotros mismos, al no cuidar las vidas de todos y proteger el **equilibrio natural** de toda la Naturaleza.

¿Qué harán los líderes cuando reciban la total confirmación de las últimas evaluaciones científicas? Lo más posible es que se comporten como Caifás ante Jesús. Se rasguen las vestiduras y acusen al inocente. Cuando esto suceda la **Opción Cero** será activada. El objetivo de esta acción global es detener inmediatamente la cadena de acciones-reacciones que conduce a la destrucción irreversible y garantizada de la presente civilización, y al costo que sea. El mecanismo que induce al uso de la **Opción Cero** es el de las operaciones de Lógica Pura. Debe entenderse que las estrategias de supervivencia de todas las especies, son ecuaciones lógicas, adaptaciones para obtener el máximo beneficio o energía del entorno, a expensas de cualquier otra posibilidad. Si ampliamos la visión sobre el **Calentamiento-Inundación-Exterminación Global**, tanto el problema como su solución se reducirán a una simple ecuación, a una simple proposición lógica. Y esto determinará el camino crítico a seguir por el total de la Humanidad.

¿Qué se está produciendo y qué se está transitando? Nada más ni nada menos que un Juicio Final Global aplicado por propia mano de la Humanidad presente. Por lo que se trata de un juicio totalmente posible y real.

La lógica de la realidad que avanza inexorable es el acusador y el único defensor lógico que ha aparecido es la estrategia de la **Solidaridad Global**. De modo que los seres humanos quedan divididos a dos aguas ante el problema y sus posibles caminos de solución.

Los acusadores e indiferentes harán fuerza por materializar la **Opción Cero** y los defensores activos la **Opción B**. ¿A qué se ha reducido el potencial de supervivencia de la Humanidad entera? A dos opciones críticas opuestas. Se descarta la tercera que es continuar contaminando más y más, lo que acabará causando la total exterminación de la vida.

Por tanto la **Opción C** es irracional y no podrá continuar, en la medida que a la percepción informada esta opción irracional amenaza concretamente la propia supervivencia inmediata de las personas. Sabiendo esto, ¿qué han hecho los líderes?: **desinformar**. ¿Y por qué?: Primero porque les dijeron que el problema lo tendría la próxima generación, lo que es un error, y lo segundo porque los que lucran con la actual situación, les pagaron para que mintieran. ¿Cuál será el resultado?: **millones de muertos** (ya, según la OMS, mueren 7 millones por año, debido a la alta contaminación del aire). Estos líderes tienen sus manos manchadas de sangre inocente y a los ojos de Dios, deberán pagar por sus grandes crímenes.

Lo importante es ver con total claridad que la lógica de las acciones colectivas es lo que decidirá si es la **Opción Cero** o la **Opción B**, la ecuación de supervivencia prevaleciente.

La **Opción B** consiste en un esfuerzo inteligente y voluntario colectivo, aplicado universalmente en corregir la anomalía climática con dos criterios básicos: retornar al porcentaje de 350 ppm de CO_2 libre en nuestra atmósfera y al punto de Equilibrio Energético Planetario. Tanto debe ser desactivado el incremento de temperatura promedio global como la posibilidad de recalentamiento de la corteza inferior terrestre, fenómeno que puede inducir una súper erupción volcánica devastadora. Y el cruce temporal de ambas opciones se produce a entre el 2025/30.

La razón es que las retroacciones del sistema ecológico natural ya son activas, las últimas investigaciones confirman que al combinarse con otros gases de efecto invernadero el promedio real efectivo ya se eleva a las 420 ppm y nos encontramos peligrosamente cerca del umbral de 450 ppm de CO2, a partir del cual el efecto invernadero se acelera dramáticamente. Esto significa que el Polo Norte se descongelará completamente en verano y el resto de las retroacciones, incluyendo la liberación de los depósitos de gas metano, se acelerarán.

LA DESINFORMACION INTENCIONADA

Durante el 2004 se conoció un informe del Pentágono respecto al riesgo creciente de la anomalía climática y el consecuente establecimiento de hipótesis de nuevos conflictos sobre la base de escasez de alimentos y agua potable a futuro. ¿Esta preocupación del Pentágono desapareció o se intensificó? Si es lo último, la producción de mayor información interna está ahora encuadrada como de alta seguridad y no trasciende más al público. Es considerada información vital para la seguridad nacional, con todo lo que el término implica.

En la segunda semana de marzo 2009 tuvo lugar el Congreso Científico sobre Cambio Climático de Copenhague, reuniendo a 1600 científicos procedentes de 70 países. Por lo que resulta obvio que, la anomalía climática, da lo suficiente para pagar bien la tarea científica y se ha convertido en una veta aparentemente inagotable para solventar nueva investigación científica, tenga sustento suficiente o no lo tenga.

Equivocadamente la mente común considera que los científicos son personas inegoístas, solidarias naturalmente y cercanas a la santidad. La realidad es todo lo contrario, son individuos pagados de sí mismos, autoritarios, muy proclives a exponer juicios parciales y a aprovechar toda oportunidad disponible para obtener fama y dinero. Sus objetivos no son altruistas, buscan interesadamente el propio bienestar, por lo que son susceptibles de caer ante la tentación de obtenerlo aún a costa de la seguridad de todos los demás.

Debe reflexionarse que si el capital petrolero compró voluntades políticas y científicas en décadas anteriores, ahora que la presión es mayor, invierte proporcionalmente más para obtener resultados similares. Por lo que la campaña por mantener un nivel de desinformación aceptable, para sus objetivos de mayor consumo de petróleo en el corto y mediano plazo, se mantiene no sólo activa sino que se ha incrementado.

 El comentado congreso obtuvo consenso, mediante los trabajos presentados, para establecer que los niveles oceánicos ascenderán entre 0,50 a 1 metro a fines del presente Siglo XXI, aunque admite que en los cálculos no se consideró el efecto del descongelamiento de Groenlandia y de Antártida. Pero, el titular que los medios difundieron fue que 1.600 científicos afirman que los océanos subirán sólo 1 metro como máximo para el 2100. Esto es igual a decir **"gente, sigan consumiendo petróleo con toda tranquilidad, porque faltan 90 años para que se presenten los problemas y estos pedirán permiso para llegar, vendrán muy lentamente y atenuados"**.

El error de no integrar todos los factores que inducen la anomalía climática ¿es evidencia de estupidez o de conspiración? ¿Pueden 1.600 científicos ser estúpidos? O la pregunta correcta debe ser ¿puede el capital petrolero pagar bien a 100 de los científicos clave para mantener desinformados al resto? Y la pregunta realmente decisiva es: ¿las supercomputadoras del Pentágono y la NASA también son cargadas con datos parciales o se integran ahora todas las variables, para determinar con precisión los puntos críticos, o fechas, de no retorno de todo el sistema?

Esto nos permite saber que entonces, existen dos niveles de información. Una la que administran y desarrollan las superpotencias, especialmente Estados Unidos, Rusia y China, en forma interna y ultra secreta, mientras que el segundo nivel es el que se permite difundir ante los medios periodísticos con el objetivo de controlar la posible reacción de la población mundial, mediante la manipulación estricta de los niveles de información. Hay que recordar que nadie sabía nada del plan nuclear de Norteamérica, hasta que fue lanzada la primera bomba atómica. Algo tan crítico como el nivel de supervivencia humana frente a un clima crecientemente hostil, es información científica clasificada que determina cursos de acción a seguir. Y la nación que tome la iniciativa en base a la información más exacta, tiene la ventaja estratégica decisiva.

Pero, revisemos ahora el argumento de 1 metro de ascenso oceánico para el 2100. Durante la década pasada y la actual, los modelos matemáticos que se utilizaron para realizar predicciones del clima global terrestre se basaron en datos recogidos estadísticamente y en los procesos físicos y químicos conocidos sobre la biosfera y la atmósfera. Sin embargo, el 99% de los trabajos de evaluación científica han logrado coincidir respecto a que la causa del problema es la actividad crecientemente contaminante: **humana**. Dentro de esta lógica examinemos el comportamiento de la causa y no del efecto, para ver cuáles son las proyecciones y las predicciones resultantes, de acuerdo a las tendencias contaminantes de la causa antropocéntrica y no de la física natural.

1-   Si el ser humano es la causa de la anomalía climática, porque contamina el medio ambiente, el sentido común indica que a más población más contaminación. Somos 7700 millones de individuos sobre la Tierra en el 2020. Una tasa de crecimiento vegetativo del 2% predice una superpoblación de casi 30 mil millones de personas para el 2100. Esto significa una cuadruplicación de la causa, por lo que el efecto del descongelamiento deberá tender a incrementarse un 400%. Las matemáticas elementales indican que, si ya hay 18 centímetros más de elevación oceánica frente a las costas de California, para fines del Siglo XXI, las aguas habrán ascendido otros 80 centímetros, por lo que se llega al primer metro vaticinado por el Congreso de Copenhague.

2-   Considerando ahora el consumo energético per cápita del individuo promedio de los Estados Unidos, 10 veces por encima del ciudadano promedio global, si la tendencia del progreso de la civilización continúa y logra masificarse al total de población, la contaminación habrá crecido 10 veces para fin de siglo. Entonces, aplicando la multiplicación simple tendremos 2 metros de agua adicionales. Así los niveles oceánicos habrán ascendido 3 metros.

3-   Pero si en el examen de la causa observamos que, en los últimos 100 años el consumo de energía per cápita en los Estados Unidos creció 100 veces y la tendencia no se detiene, tendremos que para fin de siglo los océanos habrán aumentado de nivel, proporcionalmente, 20 metros. Y el total será de 23 metros.

Pero el estudio de la causa antropocéntrica principal es incompleto. Existen retroacciones en el ecosistema, inherentes a la física de los elementos involucrados, que pronostican que el **Calentamiento-Inundación-Exterminio Global** será todavía más rápido. Es decir las retroacciones sobre el efecto pueden superar la velocidad inercial de la causa antropocéntrica. Si uno reflexiona en esto, la pregunta obvia es: ¿o los científicos son increíblemente estúpidos, o algunos, o muchos, están muy bien pagos para desinformar? La primera percepción es que la desinformación beneficia al capital petrolero, pero existe un segundo nivel en que la desinformación permite planificar y organizar acciones globales correctivas y preventivas por parte de una superpotencia o varias unidas para tal fin trágico.

Como el parámetro adoptado para éste análisis es el informe oficial, hecho público, no sería de extrañar que notificaran ahora que hubo un error y no se trata de 18 centímetros más de agua en sus costas, sino de 18 milímetros. ¿Cuál sería la intención de esta actitud? Evitar el pánico y asegurar que la rueda del sistema de producción-consumo siga funcionando sin cambios y sin interrupciones. Lo que no tienen claro los supuestos líderes es que, precisamente, la continuidad de funcionamiento de la rueda del actual sistema es lo que nos asegura el auto exterminio masivo.

¿Podemos confiar nuestras vidas en manos de políticos, científicos y militares? Si revisamos la historia obtendremos la respuesta sobre los resultados que obtuvo la Humanidad cada vez que confió ciegamente en su estructura de élite. Sólo la organización mundial espontánea y colectiva puede devolvernos niveles aceptables de control sobre la situación y mayor oportunidad de toma de decisión.

En 2005 científicos norteamericanos confirmaron que para el 2100 las aguas oceánicas se elevarían 6 metros. Luego, otros dijeron 3 metros, otros medio metro, otros 8 metros. Y en marzo de 2009, sólo 1 metro. ¿Cuál es la verdad? ¿Juegan a acertar la lotería los científicos, o todo depende de las variables calculadas y de las políticas de difusión involucradas? Es muy posible que los sectores empresario y político hayan comprendido que la elevación oceánica inundará ciudades costeras, arrastrando a la baja la renta inmueble y esto afectará al sistema financiero. Entonces ¿qué hacen?: **"Por favor, señores científicos, divulguen las cifras de menor impacto, porque no deseamos una corrida y un colapso**

financiero adicional, sostengamos la situación el máximo posible".

Analicemos las posibilidades y abramos la mente:

LA LÓGICA DE LA OPCIÓN CERO

De aquí en adelante, los argumentos son completamente crudos, la intención es que se comprenda su alta factibilidad material y que la no participación colectiva voluntaria en la **Opción B**, produce automáticamente la activación de la **Opción Cero**: un exterminio selectivo preventivo del 99% de la Humanidad presente, como forma de eliminar la causa del problema y por tanto, detener la mecánica de su efecto completo.

> *"La humanidad tiende a incrementarse a una tasa más grande que sus medios de subsistencia."*
>
> *Charles Robert Darwin*

Examinemos la lógica de la Opción Cero:

Reducir al 1% la población mundial es reducir al 1% la continuidad futura, inmediata, de toda la contaminación humana sobre el planeta. Pasar de producir 70 millones de toneladas/ día de CO_2 a sólo 700 mil toneladas/día. Esto representa una reducción del impacto de aceleración del Calentamiento Global de un 99% y la estabilización definitiva de todos los gases de efecto invernadero. Si en un tiempo "x" entre 2025/30 y 2050 la población total es de 100 millones de individuos, esto reduce en la misma proporción la necesidad de tierras cultivables, por lo que automáticamente 99% de la tierra fértil queda liberada para siembra de nuevos árboles y crecimiento intensivo de la masa arbórea total del mundo, con el propósito de extraer el CO2 excedente (retrocediendo a 350 ppm) y hacer retornar la anomalía climática a la situación que existía a mediados o principios del Siglo XX.

Las actuales grandes masas humanas de superpoblación ¿qué función esencial cumplen? Si analizamos el sistema, descubriremos que el 99% de población tiene una función en respuesta al tamaño de población y a la lógica de su demanda de consumo. Miles de empresas y millones de trabajadores funcionan sólo porque hay 7.700 millones de personas sobre el mundo ahora y en el mismo momento. No hay otra razón. Es la lógica pura y simple del mercado. Esto significa que cientos de miles de empresas y miles de millones de horas/hombre de trabajo, no son esenciales, responden únicamente a la razón cuantitativa del sistema, no a la cualitativa. Y gran parte del modelo de producción-consumo y de investigación y desarrollo, responde al mismo factor.

La realidad del sistema es tal como es, debido a la presión de la demanda creada por el número de superpoblación y su tasa vegetativa de crecimiento anual. Si la civilización tecnológica pudiera ser reducida a 100 millones de individuos, automáticamente sobrarían 7.600 millones, que pasarían a convertirse en descartables e inservibles, en términos utilitarios: inoperativos.

¿Cómo se llegó al presente desarrollo del sistema? Evolucionó la interacción entre el trabajo y el capital. La organización del trabajo obligó al capital a ceder derechos, porque la acumulación del capital es dependiente del nivel de producción. Ahora, con la cibernética avanzando en mano de los japoneses, chinos y de Silicon Valley, el capital se independizará de la fuerza de trabajo y puede continuar acumulándose sin interferencias.

Bajo esta nueva ecuación de evolución del sistema, sobra toda la masa trabajadora, ya no es indispensable, el sistema puede funcionar perfectamente sin ella. Sumando la inteligencia artificial con la cibernética, el número de técnicos deja de ser un factor crítico y la tecnología puede continuar con un número reducido de personal altamente calificado. Esto significa que, de ser necesario, puede aplicarse una reducción de alta escala sobre la superpoblación, sin que la evolución tecnológica retroceda ni sea afectada sustancial y esencialmente.

Se trata de una situación completamente nueva, impulsada por el desarrollo de los sistemas digitales de última generación. El sistema tecnológico ha adquirido capacidad de evolución alternativa, independiente, del sistema de producción-consumo integrado por las grandes masas humanas. De modo que reemplazar completamente el modelo presente de civilización se ha convertido en una realidad totalmente factible.

 De aplicarse la **Opción Cero** el parque energético sobreviviente a la operación de reducción global de población humana, contendrá una composición de energías alternativas suficiente y los 100 millones remantes de la Humanidad, el día después de ser ejecutada la orden de la **Opción Cero**, podrán usarlo y no requerir derivados del petróleo y el carbón. Se garantiza así la completa cesación de la emisión de carbono y se da a toda la naturaleza y al planeta el tiempo y las condiciones óptimas para su recuperación y retorno al termoequilibrio ambiental anterior.

Debido a que el CO2 es un gas invernadero de inercia lenta, la mayor intensidad de su efecto de retención de la radiación calórica se presentará varios años a futuro. Considerando que el permafrost ya se está descongelando y que los océanos alcanzaron el punto de saturación de absorción posible del CO2 atmosférico, son previsibles retroacciones naturales que empujan al sistema para liberar las inmensas reservas de gas metano submarino, lo que colaborará a disparar el efecto invernadero a un ritmo acelerado y dañará severamente la capacidad del planeta para hacer sustentable la vida en las mismas condiciones que en la era actual (2020).

El análisis de los distintos factores intervinientes en el proceso, señalan que el umbral óptimo para ejecutar la **Opción Cero** no supera el período 2025/30. Por lo que para su organización se dispone de10 años completos. La elección de los cuadros sobrevivientes se realizará sobre ingenieros, técnicos, médicos y científicos, hasta los 30 años. Todos expertos en la ciencia y arte de la sobrevivencia y en la administración y organización de los recursos naturales.

Los sitios de refugio se ubican en Estados Unidos, Europa, Rusia y China. El resto de los países no cuentan con estas instalaciones.

Reunir alimentos para 1 año y para 100 millones no será un obstáculo utilizando las reservas disponibles y desviando stocks durante los próximos 5 años.

En cuanto al método de exterminio masivo hay investigación avanzada sobre los retrovirus y no resulta impensable una combinación del virus del SIDA y el de la gripe. Un arma viral semejante mataría en 3 semanas luego del primer contacto y puede ser distribuido simultánea y estratégicamente mediante los aeropuertos a todo el planeta.

En 6 meses el objetivo estaría completamente ejecutado y ante la falta de nuevos huéspedes el arma viral se habrá extinguido. La infección desde los aeropuertos asegura llegar con el contagio a los principales centros urbanos y una redistribución desde ciudades de 5 a 10 millones, hacia las menores de 5.000 habitantes. Por lo que en sólo 3 meses, se logra distribuir la pandemia entre los principales contenedores de población.

 La utilización de un arma viral sería el vector ideal, dado que no destruye las instalaciones y puede ser selectivamente adaptada sólo para dañar los organismos humanos.

El empleo de arsenal nuclear se descarta por su elevado poder destructivo y la secuela de su efecto contaminante.

Respecto a la voluntad de ejecución de la orden de la **Opción Cero**, baste como ejemplo citar que dos superpotencias, como Rusia y los Estados Unidos, vienen gastando desde la pasada Guerra Fría billones de dólares en silos misilísticos y en ojivas nucleares, con suficiente poder para eliminar toda forma de vida del planeta varias veces. Cada una con miles de ojivas nucleares apuntando. El resultado es que las vidas de todos los norteamericanos se encuentran en manos de la decisión rusa y viceversa. Esto demuestra que hay voluntad asesina, materialmente está la prueba objetiva que están dispuestos a destruir a la otra mitad de la Humanidad si son atacados. La razón que impide esta guerra final, es la ecuación del sistema que garantiza la mutua eliminación (MAD).

Lo peligroso de la ecuación en el sistema de la Opción Cero es que, frente a una destrucción asegurada de la Humanidad y la civilización, permite un 100% de supervivencia.

> *"Lo que digo es que el camino actual conduce a la destrucción. El crecimiento de la población es una progresión exponencial en un sistema de espacio finito y recursos limitados. El final llegará de forma abrupta."*
>
> *Dan Brown*

Por eso, si la Opción B no es activada a tiempo o si fracasa, el funcionamiento de todo el sistema evoluciona automáticamente hacia la Opción Cero. La elección se reduce a permitir la lenta agonía de la Humanidad o aplicar una acción drástica que permita mejorar totalmente las posibilidades futuras.

Y los 100 millones sobrevivientes reorganizarían la civilización combinando la informática con la cibernética, sumado a esto una superabundancia energética en cuanto a sus necesidades vitales de desarrollo. Gran parte del planeta puede ser reconvertido en selvas tropicales y en bosques. La recuperación completa no duraría más de 3 siglos y la nueva Humanidad se encontrará libre de todos los conflictos actuales.

Si se concentran los recursos humanos científicos y técnicos, sobran 7.600 millones de individuos, cuya función básica dentro del sistema actual es consumir y contaminar. Bajo el punto de vista de la ecuación examinada, la **Opción Cero** garantiza un 100% de posibilidad de supervivencia óptima y la restauración del termoequilibrio planetario. Mientras que si se permite la actual tendencia de superpoblación y sobreconsumo, la vida tiene una garantía de más del 99% de ser extinguida y la civilización actual destruida.

¿Cuáles son las opciones racionales antes que la **Opción Cero** sea activada? La única alternativa lógica viable es el Camino del Mayor Esfuerzo que representa la iniciativa de la **Solidaridad Global**. El tiempo disponible para su evolución y desarrollo también cruza el umbral crítico de los años 2025/30, porque si para esa fecha no logró su objetivo y por tanto demostrar que la anomalía es controlable sin la **Opción Cero**, esta opción será inevitablemente activada por aquellos que concentran el poder, la fuerza y la tecnología.

¿Dudamos de que lo harán? Hitler causó las muertes de millones de personas durante la II Guerra Mundial, mientras que la libertad y la democracia arrojaron las bombas atómicas sobre Hiroshima y Nagasaki. ¿Por qué?: Porque en la ecuación final lograron salvar a 1 millón de norteamericanos de morir en el desembarco invasivo hacia Japón.

El ser humano con poder no es compasivo hacia el prójimo, piensa sólo en sobrevivir él a cualquier costo. Si no hubiera consecuencias por los actos, casi la totalidad de la raza humana sería asesina. No es entonces la compasión el factor dominante, sino el egoísmo y el imperio del más fuerte. Y, en la medida que más y más informes científicos confirmen la catástrofe ambiental en desarrollo, más y más crecerá la **Opción Cero** entre los desconocidos que concentran el poder de decisión. Estos pueden ser multinacionales, militares, políticos. Gente de élite que considera que goza de un destino diferente y que están dispuestos a hacerlo todo, para conservarse en esa situación.

Si usted puede pensar en la **Opción Cero** y comprender su racionalidad, y no puede negar la eficiencia de la ecuación para resolver la problemática ambiental, todos los que pueden activar la **Opción Cero** también lo están pensando y sólo requieren de mayor y más precisa información científica para tomar la decisión.

El planeta ingresó en estado de Coma 1. Debe comprenderse que la **Opción Cero**, para justificarse, requiere del tiempo óptimo para ser ejecutada. Este tiempo es antes que el Calentamiento Global se dispare y retroaccione en cadena con las reservas naturales de gases de efecto invernadero, especialmente gas metano, provenientes del permafrost y del lecho oceánico. El umbral crítico para esto es el 2025/30, puesto que los modelos predicen que se alcanzará a superar la barrera de 450 ppm de CO_2 alrededor del 2030, al sumarse en el proceso las retroacciones con otros gases invernaderos que ya están interactuando en la atmósfera y que también están experimentando incremento debido a la activa contaminación humana. Si en 2022 se deciden inversiones masivas en energías alternativas, se llegará al 2030 con un mínimo de consumo de hidrocarburos.

La **Opción Cero** es una ecuación final de alta lógica. Lo que dice es que si la superpoblación que es causa directa del problema no es inmediatamente reducida, las posibilidades de supervivencia para todos en el mediano y largo plazo, tienden a cero.

Si la superpoblación puede ser controlada y los hábitos contaminantes suspendidos, también el problema puede ser amortiguado, que es el caso de la **Opción B**. Caso contrario la única alternativa para garantizar un 100% de supervivencia óptima, para los que resulten seleccionados, es la **Opción Cero**. La estrategia es que la Humanidad y la civilización actual perduren, y no sean destruidas.

Para equiparar y equilibrar la **Opción Cero**, la superpoblación debe inmediatamente ser estabilizada con tendencia natural a su reducción. Y pasar al consumo cero de petróleo y carbón, haciendo lo que sea necesario para esto y reorganizando y redistribuyendo los recursos planetarios. Si esto no se entiende y no se hace, la **Opción Cero** se pone en movimiento por sí misma.

Es decir, la evolución combinada de todas las circunstancias acabará activándola, aunque la gente no quiera, porque se trata de una ecuación final de supervivencia. Mientras, la **Opción B**, concentrada en la estrategia de la **Solidaridad Global**, requiere nada menos que de la **Unión de la Población Mundial**. ¿Para qué?: Para proceder al reemplazo del modelo de civilización tecnológica contaminante por otro no contaminante, que permita la biosustentabilidad de largo plazo, y de esta forma se proceda a la detención y reversibilidad de la anomalía climática.

Si hay que abandonar el automóvil, hay que hacerlo, si hay que apagar la luz, hay que hacerlo. Para hacer estas cosas en un tiempo relativo extremadamente corto, se requiere la voluntad colectiva de remover todo obstáculo. Todos debemos comprender que no seremos ayudados por los que concentran ahora el poder, ellos se encuentran al servicio del sistema contaminante.

Si somos racionales tomaremos la **Opción B**. La prioridad no es ya confirmar los detalles del proceso futuro del calentamiento, llevamos

40 años haciendo esto, sino crear y organizar las respuestas más rápidas y eficaces. Podemos esperar a ver cómo se secan los ríos Mississippi, Amazonas, De la Plata, Danubio, Ganges y Amarillo o reaccionar cuando todavía hay tiempo.

No estamos quemando petróleo, sino tiempo y oportunidad de sobrevivir mañana. Se requiere la acción y la unión consensuada de los recursos del mundo. Más demoremos en organizarnos en forma **Solidaria Global**, y más se reducirá nuestra capacidad de aminorar el impacto climático. Si los políticos no se adecuan al desafío, hay que reemplazarlos lo antes posible.

Lo que han hecho estos llamados líderes, durante los últimos 40 años, es conducirnos en masa al matadero. Tienen prioridad de acceso a la información, se habló del calentamiento durante 4 décadas, ¿qué esperaban, que el problema se arreglara solo?

El señor Barak Obama fue el líder de uno de los países que más contamina per cápita en el mundo y ¿qué hizo?: ordenó fabricar vehículos con motores que consuman menos hidrocarburos. ¡Señores, dejar de disparar 500 balas por minuto y pasar a disparar 200, no es dejar de matar, y mucho menos si las armas las repartimos cada vez entre más personas dispuestas a disparar! ¿De qué sirven vehículos con menor consumo si cada vez hay más y se los usa más? Lo que hay que hacer es prohibir los vehículos individuales y buscar inmediatamente los reemplazos urbanos. Si hay que apagar las luces de las ciudades, habrá que apagarlas. Lo que se necesita es coches eléctricos. Reemplazar todo el stock vehicular mundial por un modelo no contaminante.

O evitamos el colapso climático o reventamos. Podemos reemplazar el modelo tecnológico, lo que no podemos seguir haciendo es sostener el actual modelo tecnológico contaminante. O una cosa u otra. ¡Señores líderes, ustedes mal gastaron billones y billones de dólares, los ahorros de todo el planeta, en su ebriedad financiera desatada por los créditos tóxicos en 2008, si todo ese dinero se hubiera utilizado en reemplazar el modelo tecnológico y el sistema de producción, el mundo gozaría ahora de esperanza! Los líderes de las últimas 4 décadas han fracasado. No han sabido enfrentar el problema y nos han dejado a todos en la más completa indefensión.

Ahora todos aceptan y ven que el calentamiento se está acelerando, y esto significa que se nos está acercando. Lo que se pronosticó que sucedería en el 2100, es más probable que suceda ahora en el 2050 y, si sigue acelerándose, es muy posible que acontezca en el 2030. ¡Señores, digan la verdad y no mientan más! Cuanto menos tiempo tengamos, mayor será la pérdida de recursos que experimentaremos y menor la oportunidad de una reacción mundial organizada y sincronizada.

Es necesario y urgente asignar fondos y nuclear a los máximos expertos mundiales y ponerlos a trabajar en encontrar las respuestas. Basta de congresos, cócteles y conferencias pagas de medio millón de dólares. **¡Basta del problema, soluciones señores, queremos soluciones!** Si para seguir vivos tenemos que abandonar los lujos innecesarios de la civilización tecnológica, deberemos hacerlo. Lo que es imperativo es tomar las decisiones. **¡Señores el Calentamiento-Inundación-Extermino Global se nos está viniendo encima!, ¿qué esperan, cuántos más debemos morir?** Es irracional esperar que todas las ciudades costeras se inunden, y la temperatura global ascienda 1 a 3° más, para que ustedes reaccionen. El reloj sigue avanzando ¡Tic tac y mueren miles de árboles!, ¡tic tac y otros 70 millones de toneladas de CO2 se vuelcan a nuestra atmósfera! ¡Tic tac y nos tocará a todos nosotros!

¡Señores, ustedes serán líderes cuando pasen de ser países que más contaminan a los que menos contaminan!, ¿de qué están hablando? Disminuir el ritmo de crecimiento de la contaminación, no es reducir el índice real de contaminación diaria nacional. **¡Señores, ustedes inventaron el automóvil, reemplácenlo, ustedes inventaron la luz eléctrica, reemplácenla!** Dicen de sí mismos que son la primera potencia económica y tecnológica, la Nación más inteligente, **¡demuéstrenlo una vez más!** Cuando Kennedy fijó como objetivo la Luna, impuso la orden para que toda la tecnología del país se adecuara a ese reto. Hagan igual ahora, tengan el coraje de reducir 80% su contaminación y den el ejemplo, creen las soluciones que el mundo necesita y no mientan, ni mal gasten más el tiempo de vida común, que es de todos.

Esto, la descripción de la Opción Cero, fue jugar a la ciencia ficción… Ustedes, Humanidad, deciden ahora si el juego se convierte en cruda realidad. Una vez descongelado por completo el Polo Norte, la bomba ecológica estará completamente activada y funcionará sola, sin necesidad de más contaminación humana.

LA TRAMPA ENERGÉTICA

Pero, para producir y procesar alimentos se requiere cada vez más energía. Toda la producción industrial demanda más y más energía en todos y cada uno de sus procesos, por lo que cada vez se produce más y más energía. Cada vez hay más casas y cada vez cada hogar posee más y más artefactos eléctricos que consumen más y más energía. Cada vez hay más población, por lo que se producen cada vez más coches y aunque sean de menor consumo, la cuantificación empuja para que la quema de hidrocarburos total anual siga creciendo, a lo que se suma el crecimiento de países antes subdesarrollados como India y China, cuyos habitantes al lograr el nivel adquisitivo propio de la clase media compran más y más coches… Existe una doble demanda de la energía: industrialización y superpoblación en una ecuación combinada trágica para la conservación del equilibrio ecológico mundial sobre el planeta. **La demanda de energía crece a una tasa también exponencial explosiva.**

En el 2030 se llegará al pico máximo de producción de petróleo, luego vendrá la consecuencia que es la caída de producción y el agotamiento de los pozos para el 2050. En 1980 se había agotado el 20% de la reserva total de hidrocarburos ¿Qué pasó?: la demanda se multiplicó y durante la primera década del Siglo XXI duplicó la de la década anterior. En la medida que la demanda de energía creció, todo empujó para quemar hidrocarburos en mayor cantidad y en menor tiempo, tendiendo al agotamiento del recurso en menor lapso. Así, para el 2050, en menos de una generación, el combustible fósil que necesitó centenares de millones de años para almacenarse habrá desaparecido, junto con toda su industria petroquímica, dejando la herencia de un grave efecto invernadero, hoy por hoy, irreversible e incontrolable. No importa mediante qué fuente reemplacemos al petróleo, la cuestión es que seguiremos usando más y más energía, por lo que continuaremos aumentando la contaminación de la superficie terrestre con más y más calor.

Si Antártida se descongela a partir del incremento de la temperatura promedio global en sólo 2 grados positivos, los océanos pueden ascender 60 a 70 metros. Y seguidamente, aumentará el vapor atmosférico, reteniendo con mayor eficiencia que los gases de efecto invernadero la radiación infrarroja de onda más corta emitida por la

Tierra y la producida industrialmente. La densa capa de nubes podría hacer luego imposible la continuidad de la Vida sobre el planeta. Ya estamos en camino hacia un proceso acelerado de extinción masiva de todas las especies. Ahora, si quemamos más carbón, en reemplazo del petróleo, como planean hacer Estados Unidos, Inglaterra y China, produciremos más anhídrido carbónico incoloro e inodoro, de todavía mayor efecto invernadero que el CO2. Al igual que la superpoblación, esta es una historia que también anuncia que acabará mal.

LA DEMENCIA DEL GASTO EN ARMAS

En 1980 la ONU informó que el mundo gasta U$S 1 millón por minuto en armamento. 525.600 millones al año. Dinero suficiente para que nadie muera de hambre y para atender toda la demanda de la Infancia y Niñez en Riesgo. El arsenal nuclear que ha sobrevivido a los tratados de limitación de armamento de esta clase, equivale a 20 mil millones de toneladas de TNT, es decir 3,3 toneladas por persona. Hay unas 20 mil ojivas nucleares activas en el mundo.

Esta lógica de las superpotencias se denomina "Destrucción mutuamente asegurada" MAD (que en inglés significa loco), la paz mediante la máxima amenaza terrorista mutua. Pero una crisis internacional puede quebrar el miedo a esta amenaza y desencadenar un holocausto nuclear entre las superpotencias, como aconteció durante la crisis de los misiles cubanos en la administración Kennedy. Analizando la historia, puede predecirse un comportamiento de una inestabilidad política mundial severa cada ciclo de 6 años, con un 95% de posibilidades de paz. Hay una posibilidad entre 20 de que estalle una guerra. En 17 inestabilidades la posibilidad de guerra asciende al 85%. Es decir, en 102 años. El dato nos ubica en el año 2047, contados a partir de 1945, fecha en que se lanzó la primera bomba atómica sobre Hiroshima y Nagasaki. Si queremos evitar esta posibilidad, la única alternativa viable y definitiva es el desarme nuclear global, poniendo fin a décadas de terrorismo nuclear de las superpotencias integrantes del selecto grupo del Club Nuclear, sobre el resto de las naciones y población mundial nuclearmente desarmadas e indefensas. Debemos pasar inteligentemente de la destrucción mutuamente asegurada, a la supervivencia mutuamente asegurada.

LA VISIÓN DE ESTULIN

El ex espía y ahora periodista de investigación Daniel Estulin sostiene que la élite financiera mundial que lo controla todo tiene por objetivo **"desindustrializar y despoblar el mundo"**. Afirma que **"somos 7.700 millones de personas en el planeta Tierra, un espacio reducido, pequeño y con recursos naturales limitados. Esto es algo que aunque la gente no lo entiende porque no entienden nada de nada, los Rockefeller y la élite financiera mundial lo entiende perfectamente. Es muy muy sencillo, para que ellos coman nosotros tenemos que morir"**.

"La pobreza va a ser tan profunda a nivel mundial y el desarrollo tecnológico va a aumentar tanto, que la separación entre el 99% de los pobres y los súper ricos va a ser más grande que nunca... La política nunca ha estado al servicio de los ciudadanos... Los gobiernos son títeres de la élite financiera mundial y el que no lo quiera ver que no lo vea", asegura Estulin. Cabe decir que según Oxfam los más ricos, el 1% de la población ya concentran el 80% del total de la riqueza mundial, con tendencia a pasar a concentrar el 90% en pocos años más.

Dice además que **"la tecnología es magnífica salvo si la usas para matar a la gente o para crear gente que no sea humana porque puedes controlar su ADN"**.

CONSECUENCIAS

Sea falta de agua potable, alimentos o energía, la tasa de población es la causa detrás de la escasez. El problema es que pasamos de una población de homínidos africanos de 10 mil ejemplares a 7.700 millones de homos sapiens, con tendencia a 11 mil millones para el 2050. Se calcula que si las tasas totales de fertilidad de los años 2005 a 2010 se mantienen, llegaremos a ser 27 000 millones de habitantes.

Actualmente la mayoría de los países logra mantener su nivel de bienestar mediante la importación de productos. Pero esto no durará para siempre, dado que la cantidad de habitantes por país sigue aumentando. En las próximas décadas la cantidad de habitantes en el mundo tenderá a ser entre 10 a 12 mil millones. Por lo que cada país necesitará de sus propios recursos para poder subsistir.

La República Popular China es uno de los ejemplos mundiales de control natalicio, imponiendo multas y obligando a hacerse cargo de los costes sanitarios a toda aquella familia que sobrepasa el número de un hijo por pareja. A esta política se le atribuye haber evitado 400 millones de nacimientos.

Fue en 1966, bajo la presidencia de Lyndon Johnson que Estados Unidos advirtió que podía verse desbordado por masas de inmigrantes desesperados y aplicó la política de ayudar a países en desarrollo bajo la premisa de que adoptaran programas de planificación familiar. Países ricos como Japón, Suecia y el Reino Unido, también dedicaron grandes sumas a reducir las tasas de nacimiento en el Tercer Mundo.

En el 2029 la India superará a China en cantidad de población con casi 1.500 millones de habitantes, pese a sus programas de esterilización y planificación familiar.

El planeta sólo puede ofrecer una calidad de vida similar a la de la Unión Europea a no más de 2.000 millones de personas. Si pasamos a convertirnos en 10 a 12 mil millones, el bienestar mundial se reducirá al nivel de las franjas más pobres africanas. Este es el futuro que nos espera si la superpoblación continua aumentando.

El calentamiento global sigue avanzando, la desertificación de tierras se incrementa. Pero el hombre quiere más y más bienestar. Cada vez hay más casas, vehículos, televisores y heladeras. Pero esto no se mantendrá indefinidamente. Dentro de pocas décadas serán muchos los países en que sus habitantes deberán emigrar en busca de comida y mejores oportunidades de progreso.

Quienes tienen centrada su fe en la tecnología, creen que esta todo lo proveerá, pero aún con ella el número de hambrientos no ha disminuido en el mundo. Y las asimetrías entre pobres y ricos aumentarán los conflictos y las posibilidades de guerras y violencias. La lucha por la supervivencia será la moneda corriente.

La única solución es aplicar una correcta política de limitación demográfica. Pero esto es considerado tabú por el establishment. Las religiones, la industria y el comercio sólo apuestan por el crecimiento de la población, aumentando así las probabilidades y las consecuencias de un agotamiento de los recursos y el incremento de la contaminación en paralelo que dispara al calentamiento global.

Actualmente la abundancia de alimentos en los países ricos se debe a la importación de estos productos del extranjero. El 10 % de la población mundial sigue sufriendo desnutrición y el calentamiento global amenaza con disminuir la tasa mundial de producción de alimentos. La automatización y la robótica reducirán la necesidad de gente joven en los puestos de trabajo mientras el promedio de población envejece.

 El artículo 16 de la Declaración Universal de los Derechos Humanos afirma que el hombre y la mujer tienen derecho a casarse y a formar una familia. Pero debe entenderse que este derecho conlleva obligaciones y entre éstas figura poder brindar al hijo una calidad de vida digna, algo que no será posible si la superpoblación crece en forma ilimitada.

SOBRE EL FILO DE LA NAVAJA

Cuando una especie animal supera los límites de sostenibilidad del biotipo que habita, se produce la situación de sobrepoblación. En el caso humano el término es superpoblación y se produce cuando la especie demanda más alimento, produce más residuos y exige más espacio del biotipo que este puede brindarle sin sacrificar los nichos de otras especies que lo cohabitan. Un 99,9% de todas las especies que existieron sobre el planeta se han extinguido por diversas causas, entre ellas por antropocéntricas recientes. Debido a esto la humanidad ha llegado a ocupar todos los biomas terrestres del planeta.

El aumento de la tasa natalicia, la disminución de la mortalidad debido a los avances médicos, incrementos migratorios o degradación del bioma y agotamiento de los recursos, pueden ser causantes de la condición de superpoblación. En base a este concepto se explica que áreas con escasa densidad de población y muy escasos recursos acusen altos índices de superpoblación. Como el desierto de Kalahari por ejemplo.

Cada bioma tiene una limitada capacidad de carga en base a su capacidad de producción de alimentos y disponibilidad de agua potable. Cuando el nivel de población iguala la capacidad de carga se encuentra justo en el nivel óptimo, cuando la supera los alimentos no alcanzan para todos, hay hambre y se producen decesos por inanición, como acontece en países africanos castigados por sequías y guerras.

La disminución de la tasa de mortalidad infantil, el avance de la ciencia médica, la prolongación de los años de vida, ha derivado en la reproducción de seres humanos en forma explosiva durante el Siglo XX y primeras décadas del Siglo XXI. Pero la mejora en la calidad de vida ha venido acompañada por planificación familiar y esto ha producido una drástica disminución sobre la tasa de natalidad tras los años del baby boom o explosión de natalidad y luego de la Segunda Guerra Mundial. Sin embargo, zonas como el África subsahariana, con mejoras sanitarias recientes, acusan descensos sobre la tasa de mortalidad y un alto índice de nacimientos. Se espera que este ritmo disminuya e iguale al de países desarrollados en pocas décadas más.

Alrededor del año 1350, luego de la Peste Negra, la población humana comenzó a crecer rápidamente. Los avances médicos y agrícolas aceleraron este crecimiento a partir de la década de 1950 y se produjo un descenso a partir de 1980. Para el año 2020 acusamos una población mundial de 7.700 millones. Se calcula que para el 2040 a 2050, la población alcanzará los 11.000 millones. Y para el 2050 podría llegar a los 15 mil millones. Según las estimaciones que se tomen la capacidad de carga de la Tierra se ubica entre los 4 mil millones y 16 mil millones.

Solamente China impuso restricciones para que las familias no tengan más de un hijo. Todos los demás países no ejercen una política directa de control natalicio. Sin embargo las tasas promedio han disminuido debido a la educación sobre planificación familiar y métodos anticonceptivos.

The Times encuestó a más de un tercio de los 50 científicos ganadores del Premio Nobel en 2017. Y estos dijeron que la amenaza climática y la superpoblación humana son los dos principales problemas que enfrenta ahora la humanidad. El mismo año, 15.364 científicos procedentes de 184 países sentenciaron que el crecimiento de la superpoblación es la principal causa de muchas de las amenazas ecológicas y sociales.

La ONU estimó en el 2.000 que la población mundial crece a razón del 1,14% = 75 millones de personas por año = 145 personas por minuto. Se estima que la tasa promedio de fertilidad disminuya de 2.5 a 2.0 para 2050. Para esa fecha las regiones desarrolladas permanecerán prácticamente sin cambios, excepto Estados Unidos que se espera aumente un 44%. De 5.300 millones de habitantes en países subdesarrollados se pasará a 7.800 millones para ese mismo año. Entonces 9 países contendrán la mitad del aumento poblacional previsto: India, Pakistán, Nigeria, República Democrática del Congo, Bangladesh, Uganda, Estados Unidos, Etiopía y China.

En 2000-2005 la esperanza de vida era de 65 años, para el 2045-2050, será de 75 años. En países desarrollados será de 82 años para el 2050. Mientras, países menos desarrollados, actualmente con una esperanza de vida de 50 años, pasarán a una expectativa de vida de 66 años para el 2045-2050. Todo lo cual aumentará el número de superpoblación, al vivir más gente, más tiempo.

Por otra parte, 51 países tienen tendencia a acusar disminuciones de población para el 2050 con respecto al 2005. Esto se verá compensado con las migraciones internacionales, que podrán llegar en número a los 100 millones hasta el 2050.

El crecimiento urbano aumentó un 1.566% de 1800 al Siglo XX, pasando del 3% que vivía en ciudades al actual 47%. La población urbana se duplica cada 38 años. Hay 3.2 mil millones de habitantes urbanos ahora y para el 2030 serán 5 mil millones. En 1950 el número de ciudades con más de un millón de habitantes era 83, hoy son 468. El principal problema es el crecimiento de los barrios marginales en los países subdesarrollados, donde habita un tercio de la población urbana, con condiciones insalubres, desempleo, pobreza, crimen, drogadicción, alcoholismo, etc. Había 18 mega ciudades, con más de 10 millones de habitantes en el 2000. El Gran Tokio, con 35 millones, supera ya la población de todo Canadá (34,1 millones).

Según un artículo aparecido en The New York Times los habitantes de países desarrollados consumen recursos como hidrocarburos y metales no renovables, 32 veces más que el Tercer Mundo. Al aumentar la superpoblación se intensifican la falta de agua potable para consumo humano, así como el tratamiento eficiente de aguas residuales y descarga de efluentes. La industrialización viene acompañada por contaminación del aire, contaminación del agua, del suelo y contaminación acústica, que puede disminuir con regulaciones ambientales adecuadas. Lo más grave es la tala indiscriminada de bosques. Se pierde la superficie de Portugal por año, a lo que hay que añadir la pérdida por incendios forestales que está intensificándose en todo el mundo. Esto disminuye el oxígeno global y aumenta el CO2 alimentando al calentamiento global. La biodiversidad se está perdiendo en forma alarmante. Se está produciendo una extinción masiva de especies, a una tasa de 50 mil por año.

"Estamos experimentando la mayor ola de extinciones después de la desaparición de los dinosaurios. Cada hora, tres especies desaparecen. Cada día, más de 150 especies se pierden. Cada año, entre 18.000 y 55.000 especies se convierten en extintas", declaró el secretario ejecutivo de la Convención para la Diversidad Biológica de la ONU, Ahmed Djoghla

La agricultura intensiva degrada la frágil capa de humus, de la que depende la supervivencia humana, el uso intensivo de antibióticos está creando resistencia en bacterias y creando nuevos súper virus, ampliando las posibilidades de que surjan nuevas pandemias.

Junto con el hacinamiento y la pobreza crece la drogadicción y la delincuencia, así como la trata de personas y el robo. Esto trae como consecuencia leyes más restrictivas y una menor libertad social que puede derivar en gobiernos de estilo totalitario.

La solución a la superpoblación es la planificación familiar y el acceso de las parejas a los métodos anticonceptivos. Se calcula que en el mundo hay 80 millones de embarazos no deseados por año, un 40% de los embarazos por año en todo el mundo, son involuntarios, de acuerdo a las estadísticas. Ocho millones de niños mueren por año por desnutrición, enfermedades prevenibles o falta de acceso al agua potable en países en desarrollo. Mientras, 350 millones de mujeres de esos mismos países indicaron que no querían a su último hijo.

Y ahora, también los genes están cambiando en el patrón de población. Con la medicina sobreviven los más fuertes y los más débiles, que también se reproducen. Se han abiertos caminos para la reproducción genética degenerativa. Esto puede conducir a un callejón sin salida a la evolución humana dentro de algunos pocos siglos. Pero, antes el gene (ADN) y el medio ambiente gobernaban la evolución, ahora están bajo control de la inteligencia humana. La reproducción podría ser sometida y direccionada.

Se especula con la colonización extraterrestre para disminuir la presión de la superpoblación. Es conocido por el público el plan de Elon Musk para colonizar Marte. Pero aun con todos los recursos disponibles, se llegará al millón de colonos en el vecino planeta recién para el 2100. La solución espacial estará disponible para la humanidad mucho después que la bomba de la superpoblación haya explotado....

CALENTAMIENTO DESBOCADO

Si por causa de la elevación de la temperatura promedio global, que es más alta en ambos polos del planeta se desestabilizan los enormes depósitos de hidratos de gas metano y carbono en el Océano Ártico y en los demás océanos del mundo, se activará una reacción en cadena abrupta que liberará estos gases atrapados en el lecho marino hacia la atmósfera, incrementando fuertemente el efecto invernadero. La temperatura promedio aumentará 6° y hasta 12° en ambos polos, con lo que se acelerará el descongelamiento de ambos casquetes glaciales, tanto en Groenlandia como en Antártida, simultáneamente, amenazando a todas las ciudades costeras con subidas de hasta 60/70 metros. Pero eso no es todo, el fitoplancton ecuatorial morirá y se reducirá la producción de oxígeno, por lo que también morirán animales y humanos al mismo tiempo. Y lo que es peor, se evaporarán las aguas oceánicas, aumentará el vapor atmosférico y esto disparará el efecto invernadero hacia un calentamiento desbocado, pudiendo alcanzarse un fenómeno similar al del planeta Venus, con temperaturas superiores a los 100° = exterminio completo de toda forma de vida sobre la Tierra. Si esto se confirma es muy posible la activación de la Opción Cero por parte de las superpotencias como último recurso para evitar lo peor.

REFERENCIAS BIBLIOGRÁFICAS

Andreu Domingo, Descenso literario a los infiernos demográficos, Anagrama. Barcelona (2008). ISBN 978-84-339-6275-1.

Paul R. Ehrlich, Anne H. Ehrlich, The Dominant Animal: Human Evolution and the Environment (2008).

Paul R. Ehrlich, The Population Bomb (La explosión demográfica; 1968).

Paul R. Ehrlich, The Population Explosion (con Anne Ehrlich; 1990)

Garret Hardin, La Tragedia de los Comunes (1968).

Steven Mosher (2011). Population Control: Real Costs, Illusory Benefits. Transaction Publishers. ISBN 9781412812436.

Global food crisis looms as climate change and population growth strip fertile land.

«Extinction: Lecture Notes by Bruce Walsh» (en inglés).

Darwin, Charles (1876), The Origin of Species by Means of Natural Selection, or the Preservation of Favoured Races in the Struggle for Life.

Staff, U.S. Census Bureau, Demographic Internet. «International Programs». www.census.gov (en inglés estadounidense).

«World population projected to reach 9.8 billion in 2050, and 11.2 billion in 2100 | UN DESA | United Nations Department of Economic and Social Affairs». www.un.org (en inglés estadounidense).

«Joint statement by fifty-eight of the world's scientific academies - The InterAcademy Panel on International Issues».

«Consumption Dwarfs Population as Main Environmental Threat - Yale E360». e360.yale.edu (en inglés estadounidense).

George Moffet, Critical Masses: The Global Population Challenge (1994): "[the world's population remained] capped by birth rates and death rates locked in a seemingly permanent equilibrium.".

"VII, paragraph 10, lines 8–10". An Essay on the Principle of Population. London: J. Johnson,. 1798. "The power of population is so superior to the power in the earth to produce subsistence for man, that premature death must in some shape or other visit the human race".

Gregory Claeys: The "Survival of the Fittest" and the Origins of Social Darwinism, in: Journal of the History of Ideas, Vol. 61, No. 2, 2002, p. 223–240.

UN Department of Economic and Social Affairs: Population Division. World Population to 2300.

Carrington, Damian (18 de septiembre de 2014). «World population to hit 11bn in 2100 – with 70% chance of continuous rise». The Guardian (en inglés británico). ISSN 0261-3077.

«World population to keep growing this century, hit 11 billion by 2100 | UW News». www.washington.edu (en inglés).

Harris, Paul (22 de octubre de 2011). «Population of world 'could grow to 15bn by 2100'». The Guardian (en inglés británico). ISSN 0261-3077.

Science Correspondent, Oliver Moody (31 de agosto de 2017). «Overpopulation is the biggest threat to mankind, Nobel laureates say». The Times. ISSN 0140-0460.

«World Population Prospects: The 2008 Revision Population Database». 29 de abril de 2011.

«The World Factbook — Central Intelligence Agency». www.cia.gov (en inglés)..

«United Nations Population Information Network (POPIN)». www.un.org.

WORLD POPULATION TO 2300 (PDF). United Nations. 2004. Retrieved 2011-11-30.

«Major Agglomerations of the World - Population Statistics and Maps». www.citypopulation.de (en inglés estadounidense).

«Megacities Of The Future». www.forbes.com.

Roberto Gomes

Yogui Mettàtron

Arquitecto / Periodista / Escritor / Máster en Psicología, Yoga, Acupuntura, Osteopatía, Yoga Terapéutico y Mindfulness

Creador del NeuroYoga. Desarrollador del Programa FlashBrain para el incremento intelectual.
Impulsor y líder de la iniciativa por el 2% del PIB mundial, en forma anual, para dar solución definitiva al triple flagelo del hambre, superpoblación y calentamiento global.

Nació en Argentina, en 1956. Tuvo su primer trance espiritual a los 16 años de edad. A los 17, se le apareció la Virgen y le preguntó **- ¿Por qué no crees en Mí?-** Poco después, la Madre Cósmica, le fue despertando distintos estados de elevados samadhis y tuvo experiencias espirituales muy semejantes a las de Paramahansa Ramakrishna. A los 19 años, se hizo discípulo de Yogananda y en meditación, redescubrió la ancestral técnica del Kriya. Estudió MT con el Maharishi y Zazen con el maestro Bustamante.

Afirma yogui que **"mis experiencias con Dios son el derivado de un contacto con la esencia de mi propio Ser espiritual, dado que el alma y Dios comparten el mismo sustrato de existencia. Son un paso trascendente en el conocimiento de uno mismo. El fenómeno se encuentra por dentro del campo mental y es su reflejo".**

Posteriormente, completó su formación como diseñador gráfico, periodista, martillero y corredor público, marinero pescador, arquitecto, diseñador y programador web, escritor, máster en yoga y creador del **NeuroYoga.**

El día 02/02/04, luego de un prolongado período de meditación con la técnica Vipassana, alcanzó la cesación mental.

Diseñó el sistema **Sophia,** de Sinergia Cerebral, mediante el cual es posible rediseñar el cerebro estimulando la neuroplasticidad e incrementar el coeficiente intelectual. Sintetizó la técnica de **Meditación Sináptica,** mediante la cual se descarga el estrés acumulado, se previenen las enfermedades y aumenta la memoria, la atención y la inteligencia, permitiendo el funcionamiento del **Supercerebro.**

Su objetivo, es occidentalizar el conocimiento espiritual milenario de oriente sin perder la esencia de su núcleo, ampliando y renovando la investigación. Simplificar la meditación, poniéndola al alcance de todos y sentando las bases para su introducción curricular en los sistemas educativos mundiales.

El otro foco, es unir acciones para frenar el Calentamiento-Inundación Global, mientras aún hay tiempo para aplicar medidas preventivas y correctivas al cuadro de situación presentado por los gases de efecto invernadero. Al mismo tiempo expandir compasión para atender el flagelo del hambre, que castiga a más de mil millones y educar para detener a la superpoblación.

"Mi misión: servir a la humanidad"

Yogui Mettàtron es occidental y cristiano. Logró en su vida con éxito dos carreras: una como periodista, llegando a jefe de redacción de un diario y la otra como un yogui practicante. Su trabajo se centró siempre en servir a los demás. Para él servir es **"la expresión más alta del Amor".** A través de las enseñanzas del Vedanta fue descubriendo gradualmente cuál era la auténtica meta de la vida. El día 02/02/04, luego de un prolongado período de meditación con la técnica Vipassana, alcanzó la cesación mental, cuando la conciencia se funde con lo Absoluto. Deseaba ayudar a la gente tanto a nivel físico, mental como espiritual. Fue así como creó el sistema del **Neuroyoga**, un yoga de la síntesis que crea la base de la práctica moderna del yoga en occidente.

El mayor tesoro es el conocimiento

Escribir se convirtió en la nueva misión de Yogui Mettàtron. Por lo que pudo aportar a la gente una ayuda más duradera. Su meta es difundir el conocimiento espiritual tanto como le sea posible. Para él el conocimiento es el mayor de todos los regalos. Las palabras que escuchamos pronto se olvidan; sólo la palabra escrita perdura.

Neuroyoga Holístico

Enseña el Neuroyoga desde un punto de vista holístico: el Neuroyoga nos enseña a fortalecer y armonizar el cuerpo, la mente y el alma, para que podamos alcanzar la meta: un cuerpo sano, una mente equilibrada y la paz interior. El Neuroyoga ayuda a eliminar los obstáculos interiores y nos da fortaleza para mantenernos ecuánimes, calmados y conectados cuando nos enfrentamos a los retos diarios de la vida moderna.

yogi.mettatron@gmail.com

www.ingramcontent.com/pod-product-compliance
Lightning Source LLC
Chambersburg PA
CBHW050759240726
48654CB00008B/549